高校体育教学文化与设计研究

孙　嵬　著

中国原子能出版社

图书在版编目（CIP）数据

高校体育教学文化与设计研究 / 孙嵬著 . -- 北京：
中国原子能出版社 , 2020.9 （2023.4重印）
ISBN 978-7-5221-0844-5

Ⅰ . ①高… Ⅱ . ①孙… Ⅲ . ①体育教学 – 教学设计 –
高等学校 Ⅳ . ①G807.01

中国版本图书馆 CIP 数据核字 (2020) 第 168933 号

高校体育教学文化与设计研究

出版发行	中国原子能出版社（北京市海淀区阜成路 43 号　100048）
责任编辑	杨晓宇　裘　勖
责任印制	赵　明
印　　刷	河北文盛印刷有限公司
经　　销	全国新华书店
开　　本	787mm × 1092mm　1/16
印　　张	11.75
字　　数	210 千字
版　　次	2020 年 9 月第 1 版
印　　次	2023 年 4 月第 2 次印刷
标准书号	ISBN 978-7-5221-0844-5
定　　价	50.00 元

网　址： http//www.aep.com.cn　E-mail:atomep123@126.com
发行电话： 010-68452845　版权所有　翻印必究

前　言

青年拥有健康的体魄是工作学习的必备条件，只有拥有健康的身心，才能让青年有更好的未来。体育教学代表着我国当前国民的身体素质发展水平，良好的体育教学可以培养学生"终身体育"和"阳光体育"的理念，让学生保持自律、自强的优良作风，因此良好的体育教学是我国体育事业发展的基石和保障，是关乎学生未来身体素质建立的理论基础和必备环节。在我国当代高速发展的社会，拥有健康的体魄得到越来越多的呼声，我国提出了一个良好的解决办法，引入"终身体育"和"阳光体育"的理念。本书从根本上探讨学生体质下滑的原因，探讨学生参与体育活动积极性下降的原因，据此，作者提出了自己的分析和解决方法可供读者选择。

体育文化是一种民族文化，它的继承和发扬关系到下一代身体素质的发展。不同的文化是面向不同的教育群体，文化是具有时代性和延续性，它代表着特定时代的知识精华，可以指导人才发展具有特定的价值。人才的全面发展离不开文化的功劳，文化提供了一种方法，一种指引，教育青年如何实现自己的目标，这也是教育的目的，两者相辅相成，相互渗透。

本书分三部分共 7 章，第一部分主要对高校体育文化的介绍，包含教学设计和评价方法等内容，重点分析了当前高校所面临的问题。第二部分是介绍了高校体育文化的建设和传播，发扬优良的校园文化对于学生的潜在影响。第三部分主要阐述体育教学设计和计划的方法，主要面向高校体育教师和体育研究者。

本书参考并引用了大量相关文献和国内外体育教学的研究方法，在此非常感谢推动我国体育事业的研究者。由于作者的学识有限，无法提出完全正确的结论，只能片面分析，若书中有不妥之处，恳请同行专家和读者不吝指正。

作者
2020 年 6 月

目 录

第一章 高校体育概述

高校的体育管理是一项系统的工程，它须遵循学校体育教学和体育内容的基本规律，结合当代高校体育发展的最新方法，培养大学生具有较高水平的体育知识和技能作为目标。因此，高校体育管理是重要的组成部分。

在以人为本的教育理念下，加强高校体育工作、增强学生体质是一项重要的工作，如何做好这一工作，是高校管理者必须思考的内容，它关乎学生今后的发展。

第一节 高校体育的产生与发展

一、高校体育的产生

在高校中要求人的全面发展，体育就是其中一个重要的方面，同时也是培养社会所需人才的重要内容。教育随着人类社会的产生而产生，体育也是其中一个重要的方面。这两项活动随着人类文明的发展内容不断丰富，形式逐渐多样化，以便适应越来越复杂的社会发展需求。

体育和教育是相辅相成的，二者有着密切的联系。作为培养人才的工具，体育从来都是教育的重要组成部分。

过去，由于人类社会发展的局限性，体育与教育之间的界限不明确。当时人类无论是生产还是生活，很大程度上都依靠身体活动去实现，教育和体育处于一体，同时都在萌芽状态。

奴隶社会时期，人类社会出现了阶级，因为阶级间以及邻国间的争斗，贵族子弟开始接受教育和身体训练。此时的体育在学校教育中占比较大，从古希腊的学校教育中就能窥知一二。古希腊崇尚武力，贵族的子女必须经历严格的体育学习和体育锻炼，能够掌握多种体育运动技能，如跳跑、投掷、摔跤等。

在封建社会，由于武力的崇尚会导致政权的威胁，封建贵族推行崇尚文化教育，用思想控制的方法，放弃体育锻炼和体魄的培养，体育教育在此时得不到尊重，得不到认可。即使这样，广大民众依然学习和发展体育竞技活动。

文艺复兴后，体育走向大众视野。人类社会向资本主义社会迈进，近代实验科学和人文科学随之发展，体育的地位开始凸显，在学校教育体系中，体育作为一门独立的学科得到认可和青睐。

春秋战国时期开始形成教育的雏形，我国思想家和教育家孔子是第一位教师，教授古代课程，其中射、御及乐中均有体育的因素，我国的体育教育初现端倪。孔子的教育思想力求培养文武兼备的人才，因而体育思想蕴含其中。这正是我国学校体育的发端。但是由于我国整个封建社会时期崇文轻武，科举的方式主要通过文化的角度去甄别学问，而体育在社会中得不到重视。

1894年甲午战争之后，由于国家形势的变化，加之外国先进思想的冲击，我国一些学者开始重视体育，其中康有为、梁启超集结文人进行了"公车上书"，提倡学习西方，改革教育制度，体育教育开始走上舞台。直到1904年，清政府颁布并实施《奏定学堂章程》，打破传统对体育的轻视，要求"各学堂一体练习兵式体操以肄武事"。这项措施将传统中不被重视的体育放在重要的位置，推动了近代体育课程的确立。当然，自然体育学说和凯洛夫教育理论对我国学校体育也产生了十分重要的影响。但是当时我国学者对之报以怀疑的态度，觉得这些思想会对学校体育产生不利影响。

在20世纪后期，部分国家体育教学空前发展，国民体育素质得到质的飞跃，这些体育教学思想在世界产生巨大反响，而此时，学校体育也有了越来越独立的地位，形成新的趋势。

新技术革命以来，整个社会飞速发展，人类社会步入新的阶段，人们的生活水平也不断提高，重视体育，增强体质已经成为整个社会的客观要求，也成为人们关心的重要问题。此时，如何培养健康的人才，是高校乃至社会中越来越重视的课题。体育过去的教学方法和教学思考被重新提出，以适应现代化的发展。体育教育空前发展，并衍生出各种小的分类，体育锻炼也朝着更加科学的方向发展。在整个教育体系中，体育已经成为一种新潮流，新风尚。体育作为一门独立的学科，进入大众的视野，被更多人接受。

二、高校体育管理的概念

（一）高校体育管理

之前已经讨论过，高校的日常教学和学生培养中，体育同其他传统学科一样，发挥着重要的作用。体育管理最直接的目的是让高校学生获得健康的身心，以满足社会发展的需要。体育管理是运用一定方式对相关资源进行整合的一系列活动。

在我国高校中，体育教学不仅可以教授学生体育理论基础知识，还可以培养学生人际沟通能力，增强学生自身的约束力和自律性，为我国社会主义建设事业培养德、智、体全面发展人才。在这个总目标下，根据具体的工作，可以把高校教育目标再细分。整个高校体育目标体系是层次分明的，同时是相互联系的，只有这些目标很好地配合完成，才有可能实现培养出合格的大学生这样的目标。通过将目标进行合理化的分解和管理，实现多个节点的突破，逐渐完成各个分支的子目标，各个子目标的顺利完成也推动高校体育管理的进步。通过一定的手段实现管理目标，从而保证各项学校体育目标的实现，使学生得到全面的发展。

（二）高校体育管理的原则

高校体育管理过程中，首先需要明确"为谁培养人才，培养什么人才，怎么培养人才"，我国是中国共产党领导的社会主义国家，是为了社会主义事业培养合格的人才。人才要符合体育以及相关的工作部门及学校内部体育工作的规定要求等。其中高校体育管理工作必须遵循以下原则。

1. 整体性原则

在高校教育管理工作中，体育管理工作是其中一个重要的方面。其主要目标是培养"德智体美劳"全面发展的优秀大学生，这些大学生要投身于社会主义未来事业建设中，是社会主义的接班人。高校管理要有整体意识、责任意识，严格把控人才质量，用理论指导实践，用知识武装头脑，将行动落到实处，不浮躁，不自大，脚踏实地。一名优秀的大学生，不仅要有丰厚的学识，更需要健康的体魄。

高校在培养学生时，要丰富学生的生活，形成良好校风。除此之外，高校要加大体育教学管理力度，增强体育教学效果，丰富学生训练内容，运动竞赛之间要相互协调，不能冲突。这样才能让各项工作都发挥作用，互相衬托。当然，在实施开展各项工作时要根据实际情况有所侧重。

2. 导向性原则

开展高校体育活动主要是为了育人，因而高校体育管理工作也要围绕这个重心开展。培养"德智体美劳"全面发展的优秀大学生，学校应该遵循这个要求并根据切合实际的明确工作部署，把控各个阶段工作目标的完成情况。因此，高校体育管理部门应该充分重视相关部门做出的体育方面的发展规划，再结合实际情况制定出相应的措施及办法，搞好体育管理工作。

3. 计划性原则

高校体育工作在进行之前，需要有良好的规划，这些规划根据学校的体育管理部分安排和制定，体育管理从整体分析，要把控教学节奏，不能杂乱无章地进行，要有强烈的目的性和逻辑性。从微观层面分析，进行细致的体育教学管理，细分教学目的和教学安排内容。宏观上，体育工作可以参考《学校体育工作条例》，再根据学校的具体情况进行落实。在指定计划的过程中，一定要尊重客观事实和规律。根据各个单元制作出相应的计划，然后编写教案，进而实施。没有计划就没有章法，体育管理工作也会变成一团糟。所以，计划是必须要有的。同时，切不可死搬硬套，要根据实际情况实时对计划做出修改和调整。

4. 可控性原则

高校体育管理工作具备一定的可操作性，也就是可控性。依照特定的高校管理工作评价办法对高校管理工作进行监督，并做出调整，对各项工作的落实情况以及出现的问题和需要改进的地方做出评估，将评估结果及意见反馈到决策部门，通过这些工作，对相应的问题作出改正，使结果更向原定的目标靠拢和实际相切合。

（三）高校体育管理的特点

1. 教育性

体育是一门实践性很强的学科，教育是师生双方关系存在的基础，在教育过程中需要双方尊重彼此，教师需要将学生的学习兴趣调动起来，这样做能够很好地提高管理效益。因而，高校在制定各种与体育相关的管理规章时要重视思想教育，更要将"育人"放在首位。

2. 方向性

做任何事情都要有方向，高校体育管理工作中也必须要有方向。而马列主义、毛泽东思想、邓小平理论、"三个代表"重要思想、科学发展观、习近平新时代中国特色社会主义理论就是重要的指引。因而，作为高校管理人员，无论是位居哪个层次，都必须明确指引方向。提升高校体育教学工作的高度，既重视其他的教育活动，又要重视体育教育，使它们相互协调，有机配合。

3. 阶段性

高校中，不同年级的学生，处于成长的不同阶段，形成不同的世界观和人生观。学校在安排体育教学内容时，应充分考虑学生的年龄分布特征，以适应学生的身心发育特点。不同学年、不同学期所教授的课程应当略有不同，教育是有阶段性和循序渐进式的，在教学内容安排上也有所体现。

4. 系统性

任何事物都是变化发展的，高校体育教育也是一个动态的系统，在系统内部，一个环节出现问题，其他节点也会受到影响。为了使高校教育系统稳固地运行，需对高校的日常管理工作做出要求，要求其提高效能。此时，就需要建立一个强有力的整合系统，使得系统内部有抗干扰和抗风险的能力，并及时进行反馈。

三、高校体育管理学的意义

对于整个社会而言，高校为其培养和输送人才，对于文化的传承有十分重要的作用。同时，高校有着很强烈的文化气息、文化积淀，是重要的知识传播场所，因而高等院校的改革与发展对我国经济、政治、文化的进步与发展有着深远的影响。高校体育管理方法对学生培养发挥着重要作用。

（一）学习高校体育管理学有利于提高工作效率和综合效益，促进体育事业的发展

在社会大机器中，管理充当着润滑剂的作用，保障社会有机整体有序、快速地运行。而且，无论是企业还是学校，管理的作用越来越重要，正所谓"成也管理，败也管理"。放眼整个世界，管理的重要作用越来越凸显出来，"经营与管理时代"正快速走来，只有将管理工作做好，各项工作的成效才能更加明显。

一门学科的诞生离不开实践，高校体育管理学也是如此，实践是检验真理的唯一标准，也是获得真理的直接来源，只有实践检验，才能使理论得到不断的验证和改进，进而指导实践，实践经验再成为理论，如此反复，

高校体育管理理论逐步完善，而且逐步得到优化。

科学的管理有助于体育的发展。例如美国一些大公司，特别重视体育管理，美国的各种企业都会配备健身房，进行体育锻炼的指导。此外，法国人民通过对自身的身材和健康管理，增加自律性和责任感，加上鼓励体育赛事的举办，民众自发地进行一系列体育锻炼活动，使得全民体育意识得到提高。人们的管理理念也发生了重大改变，一些体育管理者凭借经验进行管理，但事实不尽如人意。所以，认真学习体育管理理论，对于提高相关工作的效率，促进体育事业的快速发展具有十分重要的作用。

（二）学习高校体育管理学能加强体育管理人才培养

竞争是无处不在的，所有的竞争本质是人，竞争最重要的核心就是人才。在体育管理中，人才更显得尤为重要。在整个体育队伍中，人才更决定着整个团队的水平。因而，对于一个优秀的单位或者部门而言，其中必定会有一些优秀的管理者，他们的素质和水平对整个单位或者部门的影响是十分巨大的，直接关系到整个团队未来的走向和发展前途。虽然我国体育事业随着经济的发展有了非常明显的进步，体育管理人才队伍的建设也有了长足进步，但是任何事物都具有两面性，我们看到成就的同时还要看到不足，体育教育学科起步较晚，得不到足够的重视，造成了高校体育学科师资力量匮乏，教学内容不合理，缺失规范教育方法和教育思想，更有甚者是缺乏体育课程的讲解和指导。

在培养合格的体育管理人才过程中，需要注意以下几个方面：第一，理论的学习是十分必要的。管理学科的思想是用科学的办法和逻辑合理有序地输出体育的价值观。第二，发扬民主思想，在管理过程中，意见往往很难得到统一，实际民主管理可以让管理者做出更加谨慎的决策；第三，建立科学、严谨的管理制度，制度是保障管理效果的必要条件。

（三）学习高校体育管理学是实现"两个计划"目标的需要

"全民健身计划"倡导公民进行合理的体育运动，保持健康的身心状态，从而体验更加舒适的生活。"奥运争光计划"发展专项体育运动技能，做好、做精，更好地推动我国奥运体育事业发展。两个计划涉及较多的体育因素和方法，比较系统。因而，计划中的每个步骤，每个目标都会影响大局，合理周全的计划、科学有效的统筹管理，保证"两个计划"的顺利实施，这就需要相关管理者对体育管理理论进行系统的学习，认真学习相关的知识方法，提高管理水平，进而提高管理工作效率。在人类社会发展过程中，管理作为必然的产物对人类社会产生着深远的影响，人类在进步，世界在发展，社会在变化。在这样发展多变的社会中，对人才的要求也越来越高。

（四）加快和深化体育改革

我国改革开放逐步深化，社会主义市场经济体制也逐步稳定，体育事业随之也发展起来。改革是体育事业发展的必然出路。在原有的计划经济体制下形成的旧的体育事业管理体制和运行机制，这样的机制已经无法匹配当代的体育事业，随着我国经济的发展，社会的腾飞，体育事业的运行机制和方法也需要随着社会进步而进步。新的问题由此出现，如何建立新的体育体制，以此来适应社会主义新时代的发展要求，这是一个新的课题。

我们现在面临的几个改革主要问题包括对群众的引导和安排、科学的训练机制、合理的比赛机制、群众体育体制以及体育资金的管理和调配。体育事业的改革已经迫在眉睫，如何彻底地选择改革的道路，放弃旧的体制，探索体育发展的新模式、新方向、新动力需要高校体育管理者从问题的根源中出发，找到问题症结所在，有针对性地解决。用知识武装头脑，用实践检验理论，体育管理改革才能健康有序地进行，从而开创体育工作的新局面。

四、高校体育的未来发展

体育教育学科起步较晚，在过去得不到足够的重视，造成了高校体育学科师资力量匮乏，教学内容不合理，缺失规范教育方法和教育思想，更有甚者是缺乏体育课程的讲解和指导。体育课程变成了一种形式主义，既消耗了学生对于体育运动的热情，也错过了高校对体育人才的培养。随着我国教育事业的蓬勃发展，体育专业迎来了全新时代，高校开设体育教育专业，学生学习人数大幅增多，但是学校的教育模式、师资力量始终存在一系列问题。

近 20 年来，学校体育改革和《全国普通高等学校体育课程教学指导纲要》的颁布实施对高等体育的教学改革有着深化作用。高校设置了一些选修体育课以供学生进行不同的选择，这使得学生对体育学习的选择性增加，对体育的热情也得以增加。"阳光体育运动"提出以来，受到社会各界的关注，经过不断地改进和发展，获得了学生的认可，也收获了同行的一致好评。针对学生的兴趣爱好，开展体育运动或教学内容的设计，让学生体会体育的快乐，为学生的发展奠定坚实的基础。未来高校体育的发展应该从以下几个方面着手，下面进行详细的论述。

（一）未来高校体育发展依靠思想为主导

目前，高校中的体育教学仅仅是充当一门课程的教学，对学生的影响仅发生在校内，离学生心理上对体育课程的设置期望还有差距。经过多次的教育改革和体育教育的发展，我国提出的"素质教育""阳光教育""终身体育"三位一体，保障学生的体育兴趣爱好的培养和体育技能的学习，为以后学生的发展提供保障。

终身体育是以素质教育为前提，素质教育是以"阳光体育"为保证，素质教育的主要理念是"重视培养学生的创新精神和实践能力，为学生全面发展和终身发展奠定基础"[1]。素质教育主要强调学生主动意识的培养，是以学生为主体开展的全面性教育，在逻辑上要求教学过程中要注重学生的个性发展，将传授知识与培养学生能力结合起来。但是，两者也有不同，即提出的背景不同，素质教t育是针对应试教育提出来的，而终身体育是基于传统体育理念的基础上提出来的。因此，高校体育教育如果将素质教育理念放在首位显得不太合适，而应该将终身体育理念当作指导思想。

高校体育应该强调健身以及心理健康的重要性，学校对学生的健康仅仅是通过体育课的形式进行表达，实际行动采取较少。出现这种情况的原因比较多，主要就在于我们是否找到并遵循将目标与手段融于一体的学校体育指导思想。从整体的教育理念和教育目标看来，终身体育遵循"健康第一"的宗旨，但是在具体的实践过程中，可能对"健康第一"的理念执行地不够到位。因而，将终身体育理念放在高校体育教育中，更具理论深度和实践价值。

（二）高校体育课将由课内向课外延伸

在课程教学指导纲要中，特别对课堂进行了关注，强调拓展课堂的时间和空间，重视课堂内外的结合，课外体育活动是教学课堂教育的补充，是课堂教育思想和锻炼方法的实践，学校应该重视课外活动的实际意义和表现形式。高校体育活动要依靠专业性的指导，进行科学体育锻炼。课外活动的组织形式要多种多样，满足学生的兴趣和爱好，可以通过班级形式、

---

[1] 国务院.国务院关于基础教育改革与发展的决定[N].中华人民共和国国务院公报，2001-5-29.

社团形式等，结合学校硬件资源、师资条件举办竞赛活动，满足学生身心发展特点。高校体育应该与时俱进，不断创新新的教育模式，形式多样化，从而迎合并满足不同学生的体育需求。

（三）高校体育课教学将逐渐走向个性化和特长化

高校体育课逐渐扩大范围，增加了许多选项课。这些选项课的开展为不同的学生提供了不同的选择，更加注重学生的个性化发展需求，为高校体育课教学走向个性化和特长化打下了基础。其中，一个很好的证明就是《全国普通高等学校体育与健康教育指导纲要》，这个纲要的颁布实施，使得高校学生体育活动更加丰富，高校体育教育效果显著。

1. 课程目标

各个学生身体素质是不同的，健康水平也有差异，根据学生的身体发展差异，大学体育与健康课程将目标细化，分为基本目标与发展目标两个层次。其中，由于大多数学生的发展需求比较一致，因而制定了基本目标。个别学生学有余力，或者是学有所长，根据这类学生制定了发展目标。

2. 课程实施

高校体育教学过程中开展选项教学，就是为学生提供很多课程选择，以便给学生提供更多自己感兴趣的体育课。

3. 教学评价

顾名思义，学习评价就是针对学习的评价，通常有两个主要方面，分别是学习效果和学习过程，而具体的学习内容主要包括体能和运动技能、认知、交往与合作精神、学习态度与行为以及情意表现等，这些学习内容的评价主要依靠学生自评、学生之间互相评价以及教师评定等方式进行。在评价过程中，要注意激励学生，并关注学生的发展，不同时期开展一次评价，再将每次评价结果做对比，以此明确学生的进步幅度。

（四）一些新兴的体育项目将在高校开展

社会发展越来越进步，我国的国力越来越加强，一些硬件条件对体育发展的影响也越来越弱。与此同时，社会竞争加大，对高校体育的影响作用加大，这在客观上要求学生的心理素质要加强，因而高校体育教育也应该重视学生的心理素质，应该针对这方面做更多的工作。随着社会的发展，在高校出现了一些新的体育项目，如攀岩、生存训练与拓展训练等。在这些项目中，对于学生的心理素质有一定的要求，同时能够培养学生的团体精神、生存能力和社会适应能力等。同时，这些活动比较"时髦"，广受大学生的欢迎。

（五）高校体育的组织形式更加多样化

随着高校体育教育的发展，高校学生体育学习以及锻炼的具体方法也越来越多，高校体育组织形式也越来越丰富。在形式改革中，要坚持个性化、多样化、开放化、无形化等原则。除此之外，要对新的形式进行尝试，凡是有助于培养学生兴趣、习惯以及能力的措施都可以尝试。

1. 各类体育社团的兴起

在高校中，各种社团林立，一些体育社团也逐步兴起。一般学生会会出面组织、发起一些社团。体育社团则由体育部给予支持和指导，并以协会的形式出现，如一些瑜伽协会、形体协会以及足球协会等。这些协会内部的规则由学生自己拟订，学生可以自主参加，有的会收取一定的会费，对内部的管理者进行自由选举，有些会聘请相关的教师进行教授。目前看来，在高校中，越来越多的社团以协会的形式出现，呈现出进一步发展扩大的趋势。

2. 体育俱乐部将成为高校体育的重要组织形式

越来越多的高校会根据自身的条件组织一些体育俱乐部，以满足学生的需求。通常而言，这些俱乐部会分为两种，一种俱乐部的主要活动是根据学生的体育特长开展的，其目的是为了提高学生的运动技术水平。另一种俱乐部主要以健身、健美、娱乐为目的。无论是哪种俱乐部，学生都可以自己选择。

3. 非正式体育群体的活动

与社团以及俱乐部不同的是一些非正式体育群体，这类群体通常是学生自由组合而成的。一些大学生由于兴趣爱好相近，加上年龄相仿，或者是性格相投，有共同语言，有相似的体育基础等，这些群体具有较强的凝聚力和主体意识，这类群体会在课外、校外或者节假日中组织相关的体育活动。他们一般对时间、人员、场地的要求较低，活动比较随意。这些新的体育活动形式使高校体育活动更加丰富。

（六）高校体育的活动方式将呈现多样化和小型化

随着高校体育教育的发展，高校课外体育活动也越来越活跃，学生能根据自己的兴趣爱好、身体情况等对体育项目进行自主选择。因此，高校体育活动形式将呈现多样化和小型化。

第二节　高校体育与学生的全面发展

一、高校体育与学生身体健康

现代科学技术的突飞猛进，人类与自然的关系越来越密切。生产力的日益提高，加上物质生产不断丰富，人们的生活水平越来越高。人们在享受物质生活的同时，也会感到破坏自然带来的无尽烦恼。人类的健康受到威胁。如人们的出行大多数是靠车出行，这使得人们走路较少，导致体育运动不足，致使肌肉处于"饥饿"状态。加上现代人的生活压力太大，生活节奏快，人们出现了各种各样的疾病，越来越多的年轻人出现了亚健康问题。

其中，现代社会中最常见的亚健康问题就是营养过剩、运动不足、精神紧张、肌体功能退化。这些被形象的称为"文明病"，而且目前看来，这些疾病有不断蔓延的趋势。这使人们的健康和生活受到了威胁。

人类在生产过程中，需要有健康的身体。而保持健康的身体，体育锻炼是比较有效的途径。在高校中，体育教育是一种有计划、有组织、有系统的活动，它主要关注学生的身体健康，使学生无论是在观念上，还是在行为上都以健康为主，使学生逐步建立起终身健康的观念。在学校体育中，教育性、健身性、约束性、娱乐性和周期性是其鲜明的特性。在整个学校教育中占据重要的位置，对整个高校教育的发展具有十分重要的作用。

（一）高校体育对身体发育的影响

在人的生命旅途中，我们可以将整个过程分为三个时期，分别是儿童少年时期、青少年时期和中老年时期。在不同的时期，人的身体的发展也是不同的，发育的速度也有很大的不同，但总体而言，人的发育速度是不可改变的，但是发展速度能掌握在自己手中。

1. 增加身高

在一些调查中发现，许多青少年身体发展速度比较快，这和他们喜欢经常进行体育锻炼有十分重要的关系，这些青少年的身高增长有明显的变化，相比于那些不经常锻炼的青少年，身高明显比较高。在人的一生中，青少年时期是身体发育的关键时期，同时这个时期对人的体型、体力和健康基础影响十分巨大，能对人的一生成长产生巨大影响。同时，经过跟踪调查发现，这个时期后天因素对肌体的影响比任何时期都大。有数据表明，经常参加体育锻炼对身高、体重、围度、身体机能和素质等指标的可塑程度可以达到50%～70%。

2. 调节体重

现在减肥是很多年轻人热衷的项目，而体育锻炼对于体重的调节有十分重要的作用。通过体育锻炼可以使人的形体发生改变，一般会根据运动的强度、运动的部位以及运动时间的长短发生不同的变化。当然，体重也会受到先天遗传的影响，而更多的则是通过后天的运动，进而通过影响新陈代谢发生变化。如果人体吸收的物质（或能量）大于消耗的物质（或能量），体重就会增加，反之体重就会下降。体育锻炼的一个重要功能就是可以使体内脂肪燃烧起来，有效地预防了皮下脂肪过多，从而达到改变体型，保持匀称身材的目的。

除此之外，人的血浆内蕴含瘦素，这是由肥胖基因编码的一种分泌性的蛋白质，这种物质对于体重有很大的影响。由于这种物质能够调节人体能量的新陈代谢，所以也对体重有十分重要的影响。研究表明，人血浆瘦素水平越高，体重越重，反之，如果人血浆瘦素水平较低，人的体重也比较轻。进行一定的体育锻炼可以很大程度上使锻炼者体内的瘦素水平降低，从而避免肥胖。

3. 对骨骼的影响

由于体育锻炼可以促进人体内的血液循环以及身体代谢，因此加强体育锻炼能够促进人体内营养物质的循环，将充足的营养物质供应给骨骼，进而促进骨细胞的生长发育，使骨密质增厚，"骨小梁的排列根据压力和拉力不同变得更加整齐、有规律，骨表面的突起更加明显和粗糙，更有利于肌肉和韧带牢固地附在骨骼面上"。无论是实践还是科学研究的一些数据都表明了坚持体育锻炼的人骨骼明显要比不锻炼的人骨骼粗壮、坚固和稳定，同时这些人的骨骼对压力的承受能力也更高，相对而言比较抗折、抗弯、抗压和抗扭曲，骨骼的生长发育也比较好。

4. 对肌肉、关节和韧带的影响

现在好多人为了追求完美身材选择健身，这其实就是通过锻炼来改变肌肉，使脂肪消耗，肌肉产生。坚持体育锻炼的人的肌肉重量要比一般人增加10%～15%，显得肌肉丰满、结实、有力、匀称、协调和有弹性。不断坚持体育锻炼，还能够使关节周围的肌肉灵活性增加，韧带的收缩性也更好。同时，经常锻炼还加强了关节部位的锻炼，关节活动更加灵活。人活动起来更加敏捷，活动的幅度也增大。拥有匀称的形体、骨骼、肌肉、关节各个结构的匀称都必不可少。

（二）高校体育对身体机能的影响

1. 改善和提高心脏血管功能

毋庸置疑，体育锻炼对心血管的结构以及功能会有一定的影响，适当的科学的体育锻炼可以使心血管朝着良好的方向发展。运动过程中，肌肉比较紧张，心脏的跳动较快，心脏毛细血管开放增多，心肌的血液供应和新陈代谢增强，此时蛋白质和糖原就会慢慢向心脏靠拢，在心脏中，这些物质的储备量也增加。锻炼身体的同时心脏也跟着锻炼，心肌的收缩力跟着加大，这就使得心肌增厚，心脏容量增加。

许许多多的实践都证明了加强体育运动，不仅可以改变体型体态，同时还可以增强身体的抵抗力，能够很好地防治一些心血管疾病，如冠心病、心肌梗死、高血压、低血压、动脉硬化等。这是因为体育运动可以改善心肌代谢，同时定期"清理血管"，使脂肪尽量少在血管里沉淀，从而保护血管壁，使血液循环更加流畅。

2. 改善和提高神经系统的功能

人体的活动是由神经系统控制的，运动也不例外。人体在进行运动时，感受器负责传入信息，神经中枢负责反馈信息，继而返回大脑进行改进，这样反复，每一次反馈都使得动作技能在大脑里的印象更深，从而使得动作越来越娴熟，运动也会跟着越来越流畅。神经系统通过反反复复的操作，不断记忆这些过程，这期间无论是神经系统的平衡性，还是其灵活性都会不断改善，对运动中调节人体的平衡性效果更加明显。而神经系统的持久能力也随之增强，人体能够很好地对抗疲劳，因而，一些侧重于锻炼神经系统功能的运动项目有助于增强神经系统的功能。

同时，坚持体育锻炼还可以保证大脑的氧气供给，从而使大脑处于活动的状态，更加有效地思考问题，进行有效地工作和学习。

3. 促进消化系统的功能

在进行体育运动时，人体内的新陈代谢活动增加，会消耗大量的能量物质，此时就需要消化系统提供营养物质，为持续运动提供动力。这在客观上对消化系统提出了要求，必须要有一个良好的消化系统，以便能很好地吸收营养物质，供给机体的需要。这就进一步要求必须经常进行适度的锻炼。各种实践事例证明了那些经常进行体育锻炼的人，他们的消化系统功能也能更好地发挥作用，因为通过运动，消化系统能更好地吸收营养，因而经常参加体育锻炼的人身体肌肉比较紧凑，在腹肌这一块也比较紧凑，内脏不容易下垂。经常运动的人比起不运动的人，也不容易得便秘。

在我国中医学界，有"思伤脾""气伤肝"的说法，因而不良的情绪也会使得茶饭不思，引起消化系统的紊乱，进而使消化系统的功能减弱。此时一些消化系统的疾病就会找上门来，如消化不良、慢性胃炎、胃下垂、便秘，甚至溃疡等肠胃疾病。因而，情绪的变化对中枢神经系统有着直接的影响，进而影响其他系统的功能。运动能改变人的情绪，也能强身健体，因而通过运动，人体能够更有活力。

4. 改善呼吸系统的功能

人的肺是由肺泡组成的。人在安静的时候，需要的氧气也不多，此时仅有少部分的肺泡工作就行了。进行运动锻炼时，就需要比较多的氧气，此时就需要大部分的肺泡参与工作。在进行运动时，人的呼吸跟着加快，呼吸肌得到了锻炼，肺部也得到了锻炼，呼吸系统功能加强。

经常参加体育锻炼的人，呼吸中枢的兴奋性高，如果血液中的化学成分发生了改变，呼吸中枢也能快速感觉到，能快速感觉到缺氧还是二氧化碳增多，因而一些优秀的运动员，随意停止呼吸的持续时间较长，而且对膈肌的控制稳定。他们一旦恢复了呼吸，血液的氧合作用也恢复得比较迅速。

5. 具有预防疾病、抗衰老、延年益寿的功能

人体内的细胞数量是可以发生变化的，随着人体的生长，人体内的细胞也在增长，细胞间质也不断增多。在人的发育中，人体细胞、器官、机体等也跟着发生改变，逐步进行完善。许许多多的细胞使人体构成了一个统一完整的有机体，在人的生长发育过程中，细胞跟着不断进化，逐步构成了不同器官需要的细胞，进而组成了各种各样的器官系统。科学锻炼能够使这些细胞朝着更好的方向发展，使各个器官能够保持活力，预防疾病，延迟衰老速度。

二、高校体育与学生心理健康

对于心理健康，早在 1946 年，国际心理卫生联合会就对其做出了解释"心理健康是指在身体、智力及情感上保持同他人的心理不矛盾，并将个人心理发展为最佳状态。"在系统健康的基础上，心理健康才能够建立起来，个体有良好的对环境适应的能力，并在此基础上，保持比较旺盛的生命力，身体里潜在的心理状态才能发挥出来，心理适应能力也才能变强。换言之，心理健康就是个体能够适应各种环境，并能把握好人际关系以及与社会的关系，即使环境发生了改变，也能积极调节自己的心态，适应不

同的环境，在这个过程中，不断发展和完善自我，不断丰富自己的生活，使心理始终能保持一种良好适应和效能状态。

（一）大学生存在的心理健康问题

大学是即将步入社会的重要阶段，这个阶段学生不像中学那样生活单一，对外界的接触相对较多，这个时期是人生观形成的重要时期，人的自我意识逐步发展并趋于稳定。处在这个时期，大学生更多地关注自我，因而也会产生一系列自我意识的矛盾。因而，相对于其他发展时期，大学生在这个时期容易产生心理障碍和身心疾患。

1. 大学生的学习类问题

作为学生，大学生还是以学习为主要任务。学习上产生的问题依然会给大学生带来一定的心理问题，严重影响了大学生的心理健康。主要表现在以下几个方面。

（1）学习内容和学习方法的变化引起的心理问题。中学阶段学生的学习有教师和比较频繁的考试的监督，与中学阶段比起来，大学的学习比较自由，无论是学习的特点，还是学习的方法都有非常大的变化。在中学，教师的灌输式教学占据主导地位，而大学更加强调的是自主学习，对学生的独立性和主动性要求较高。学习方法的改变以及空余时间的增多使得好多人一上大学就茫然起来，不知道如何安排自己的学习生活，如何提高自己的学习能力。这些变化增加了大学生的心理负担。

（2）考试焦虑。大学的考试安排比较少，加上平时的学习全靠自觉，好多学生就养成了考试前临时复习甚至临时学习的习惯，这就加重了考试焦虑，也会产生一定的心理问题。

（3）大学里更考验的是学生自己的自觉性。自主学习需要自觉进行，这就给学生带来较大的心理压力，从而引起失眠、神经衰弱、精神萎靡不振、食欲不振等。

（4）在大学里学生的自觉性不同，因而差距也会越来越大，学习差的同学越来越觉得大学生活无聊，因而对学习更加不上心，荒废了学习。这就使他们产生了严重的厌学情绪。

2. 大学生的人际关系问题

进入大学以后，学生的学习压力比起中学时大大减少，与身边的人接触更多，人际交往比较频繁，因而，处理好人际关系对于大学生心理健康的发展十分重要。此时的大学生会产生各种各样的心理压力，具体主要有以下几个问题。

（1）迅速社会化。在中学，学生通常来自一个地方，主要的任务就是学习，人际关系比较简单。进入大学后，由于同学们来自祖国各地，大家阅历不同，再加上学习压力不太大，学习方式和学习环境发生了重要变化。这些变化影响着大学生的人际交往，并对人际交往能力提出了极大的挑战。个别学生会自卑，不敢与他人沟通，或者人际关系失调，与人相处困难，有的人缺乏社交基本态度及技能等。

（2）恋爱问题。大学时代正值青春发育末期，大学生的心理发展不成熟，身体发育迅速，这就产生了矛盾。由于大学生涉世不深，对世界的认识有限，再加上容易受到网络不良思想的影响，思想比较简单，容易对爱情与学业、爱情与婚姻、爱情与责任等之间的关系问题处理不当。

3. 大学生的青春期心理问题

无论是在心理上还是生理上，大学生的成长都不健全，严格意义上还不能称之为成年人，仍然处于青春发展期，也有着与这个时期相应的心理问题。下面进行详细的介绍。

（1）情绪情感激荡、表露而又内隐。在青春期，人的身体成长迅速，生理上发生了很大的变化，这种变化对情感情绪的影响也非常大。由于学生的个性不同，情感的表达也不同，有的人外露，有的人内隐。同时，个人的情感也比较动荡，情绪易变。如果这些情绪不能很好地表达或宣泄，不被人理解，长此以往，就会出现压抑心理，出现焦虑，甚至引发抑郁。

（2）青春期闭锁心理。青春期大学生的情绪比较丰富，内心活动比较复杂，但是表面上看起来比较平静，关闭封锁的外部表现与复杂的内心活动并存于同一个体。因而封闭心理也是青春期一个重要的心理问题。

4. 挫折适应问题

大学生虽然涉世未深，但是比起之前在中学的单调生活，大学生活比较丰富。遇到的事情也更多，接触的人也更多，因而在处理这些事情上很有可能会因为处理不当出现挫败感。这种挫败感可能是因为学习引起的，也可能是因为人际关系、兴趣、愿望、自尊等引起的。一些大学生因为面对挫折的能力较弱，内心脆弱，因而很难接受遇到挫折时带来的困难与痛苦。当然，大部分大学生能够正确面对挫折，处理挫折时的态度比较积极，个别大学生反应比较消极，这就需要关注他们的心理健康问题，争取化消极为积极，使大学生心理保持健康。

5. 择业压力问题

现代经济的发展为人们提供了许多的就业选择，但同时对个人素质的要求也增加，在职场里，个人能力非常重要，而现实是，大学作为一座象牙塔，其教育模式有时候跟不上经济结构的发展模式，因此与产业结构不相适应，高校专业的设置供不上企业的需求，好多学生面临"一毕业就失业"的状态，再加上就业指导与分配派遣中的某些障碍等，使我国大学生面临空前的就业压力。我国的大学生面临择业困难，不能主动选择职业，对自己的定位不清晰找的职业与自身不符合，同时由于缺乏工作经验在面试过程中表现不自信，或者过于贪名逐利，缺乏走上社会的心理准备等。

（二）高校体育对大学生心理健康的促进作用

就社会文化层次而言，大学生的文化层次较高，无论是对于国家的建设还是社会的发展方面都具有十分重要的地位。健康而充满活力的大学生对于国家整体素质的提高有举足轻重的地位。在大学时期，人的心理和生理发展都逐渐趋于成熟，而这个时期同样也是一个关键期。现代社会的竞争更加激烈，知识经济时代已经到来，社会的发展对于大学生的要求更高，要求全面发展身心健康的人才，因而顺应时代要求，培养身心都健康的大学生势在必行。体育锻炼对大学生心理健康的影响主要有以下几点。

1. 发掘大脑潜力，促进智能发展

据以前研究者估计，在大脑皮质层中，有上百亿个神经元。每个神经元有几百到数千个突触，这些突触将每个神经元联系起来，估计大脑皮质的突触总数多达 5 万亿个。在任意给定的瞬间，大脑就有 10 万～100 万个化学反应发生！若将大脑比作一个网络，那么，与现实中的电话网络相比，全世界的电话网络加起来也仅仅相当于大脑网络组织功能的一丁点儿。这说明大脑具有相当大的潜能。这对于每个人来说都是巨大的宝藏，能够储存特别多的知识能量，因而我们要对大脑的潜能进行科学地开发，不断提高学习能力，增加自己的知识储备。

2. 培养学生良好的意志品质

如果一个人做事果断，并且能持之以恒，说明这个人的自制力也强。这就是人的意志品质。意志品质好的人同时具有勇敢顽强的精神，在处理事情上也更加主动独立。通常人在遇到困难时，对意志品质的考验较强烈，而走出困境的过程其实就是培养意志品质的过程。体育锻炼过程中也会遇到各种各样的困难，他们越能克服困难，就越有利于良好意志品质的培养。

体育锻炼形式上比较随意，无论是时间上还是空间上，都不受限制，灵活性较大，选择性也比较多。学生在进行体育锻炼时，可以根据自己的

兴趣爱好自由选择，从而选择适合自己的体育锻炼。由于体育运动比较自由，因此学生在运动中人格特征更容易得到表现和发展。大学生一些社团的出现，学生之间的联系更加紧密，也更能锻炼学生的人际交往能力，也更能适应这个世界。相关研究表明，多进行体育锻炼，对学生的人格培养有积极效应。

3. 提高体育锻炼兴趣，培养终身体育的意识和习惯

体育运动内容庞杂，形式较多，在众多的体育运动中，总有适合自己的。加上体育运动比较自由，学生更能产生主观自愿的情绪，也更能体会到体育运动的乐趣，这样学生就越来越喜欢体育运动，身心发展也越来越呈现良好的趋势。这样就能对一些负面不良情绪自觉抵制，通过运动达到身心的健康发展。运动产生的愉快感能够很好地刺激心理健康效应。愉悦感本身具有直接的健康效应，这就使得锻炼者更容易获得积极的心理健康状态。

4. 体育运动可以调节情绪、减缓应激和增进心理健康

心理学家认为，通过一定的体育锻炼，人体内的中枢神经系统也会散发活力，从而达到愉快水平。适度负荷的体育锻炼能促进人体释放一种多肽物质——内啡肽，这种物质可以使人感觉到愉悦。通过进行体育锻炼，人的不愉快情绪可以得到转移和释放，并在运动后产生满足感。这些积极情绪的产生对人心理健康十分有益。

研究表明，如果进行中等强度的体育运动，情绪会得到有效的改善。大学生会经常由于各种环境的变化产生一些不良的情绪，通过体育锻炼，这些情绪会得到相应的改善。大学生承受挫折的能力也会加强，心理承受能力也会加强。经常参加体育运动，可以使人的负面情绪得到释放，人容易静下心来，一些不安焦虑的情绪也随之远去。从而得到心理平衡，增进心理健康。

第三节　高校体育的结构与目标

一、高校体育的结构

为了实现高校体育目的，就必须对高校体育的结构重视起来。根据《学校体育工作条例》《全国普通高等学校体育课程教学指导纲要》和《教育部关于进一步加强高等学校体育工作的意见》的要求，我国高校将逐步推

行"完全学分制"。在高校体育工作中，主要的结构是围绕体育课程教学和课外体育活动展开的，除此之外，还有课余体育训练活动和课余体育竞赛。随着近年来高校体育教育发生的改革，体育课程的结构也越来越朝着合理化、科学化的方向发展。

（一）体育课程教学

在高校的体育工作中，教学是一项重要的工作。教学对于学生培养良好的体育习惯上有着十分重要的作用。在体育课程教学中，学生可以不断积累体育基础知识，通过不断的体育实践掌握基础技能，并在这个过程中培养体育兴趣，不断明确体育态度并树立正确的体育观念。在高校的教学计划中一个重要方面就是体育课程，通常而言，体育课程教学分为体育理论课和体育实践课两部分。

1. 体育理论课

顾名思义，理论课主要的教学内容就是理论。理论课一般是在室内进行的，围绕着教学计划，对体育与卫生保健等基础理论知识进行讲授。一般理论课比较随意，会根据实际的情况进行，有的会安排在学期末，有的会安排在一些体育活动日进行。但无论如何，都会遵循教学计划，跟着教学进度进行。通过讲授理论课，学生对体育这门课程的了解更加清晰，对体育文化内涵的理解更加深刻，从而让学生建立起体育锻炼的思想，树立终身体育的意识。

2. 体育实践课

体育实践课教学主要针对学生的身体练习，通过练习达到体育教学的目标。在体育实践课，教师占据着主导地位，对一些活动练习进行示范，学生跟着学习讨论。目前看来，高校的教学模式更加关注学生，将学生放在主体地位，学生可以对上课的时间、课程内容以及任课教师进行自由选择。站在学生的角度来说，选择的范围扩大，这就更能激发学生学习体育的热情，更能发挥主观能动性。

（二）课外体育活动

开展课外体育活动能够很好地弥补课内体育课的不足，无论是在时间上还是在空间上都对课内体育教学进行了延伸，是高校体育课程中不可或缺的组成部分。因而，课外体育课的开展更能培养学生的体育运动习惯。

下面对几种主要的课外体育活动进行阐述。

1. 早操

早操就是在早晨进行体育活动。早操能使人的精神一天之内元气满满，有效帮助大学生进行合理的作息制度规划。早操即清晨体育活动，是大学生合理作息制度的重要组成部分。根据个人的喜好，每天应该坚持20～30分钟的晨练，而晨练形式比较多样，散步、健身跑、广播操、武术、太极拳等都是合适的晨练内容。一般来说，晨练时不能进行运动量大的运动，如果在早晨进行运动量大的运动，就会疲乏，使得一天变得无精打采。坚持做早操不仅能够培养早起的良好习惯，还能健身，不仅能锻炼个人的意志力，还能使得身心都得到良好的发展。在校内，有助于形成优良的学风。

2. 课间操

在课间休息时，也能进行一些轻微的体育活动。这些活动可以是散步、广播操，也可以是太极拳等，通常时间比较短，可能只有5分钟，也可能只有10分钟。虽然是短短的几分钟，但这几分钟的锻炼可以调节大脑的功能，使大脑处于清醒的状态，使大脑暂别疲劳，得到休息，从而更好地投入新的学习中。

3. 班级体育锻炼

在结束了一天的学习后，如果进行有组织的体育锻炼是比较好的选择。以教学班为单位，进行一些团体活动，比如篮球、足球、羽毛球以及排球等集体活动。这些体育活动不仅对于学生的体质增强有十分重要的作用，同时还可以陶冶情操，拓展视野，培养集体主义精神。

4. 单项体育协会或单项体育运动俱乐部活动

在大学中会见到各种各样的协会或者俱乐部，这里的人一般都具有相同的爱好，可以说是因为志同道合所以聚在了一起。体育协会或体育俱乐部也是这样的团体中的一部分。这样的组织将热爱运动热爱体育的人聚集在一起，通过各种各样的方式指导所属成员参与课余体育锻炼，提高运动技术水平。这些体育组织的主要特征就是开展体育活动，鼓励科学锻炼。鼓励个体自主进行体育锻炼，实行"自主自律，自我管理，自我发展"，并通过定期的集体活动提高协会和俱乐部的凝聚力。

5. 体育节

在课外一段比较集中的时间内，可以组织全校学生进行体育活动。此时可以通过体育节来展开，时间较为紧凑，一般为一周或几天，组织比较周密。在体育节上，可以有内容丰富多彩的体育活动，而且与平时的体育活动相比，比较有趣，同时还要有知识性，有比较强的教育意义。

举办体育节时，要做好宣传，以便更多的学生加入其中，举办体育节有助于提高学生的热情，更积极地参加体育活动，也对丰富校园文化生活有很重要的作用。

（三）课余体育训练活动

一些学生身体素质较好，而且比较热爱体育运动，有的学生还有专项的运动特长，通常会将这些学生的训练放在课余时间，这就形成了课余体育训练活动，对于高校体育教育来说，这项措施是实现高效体育教育目标的重要举措。

1. 兴趣运动训练队

在高校，学生如果经过申请，学校审核通过后会成立兴趣运动训练队，当然这是在学校师资、场地等的条件允许的情况下设置的。学生只要有良好的身体素质，有足够的兴趣并且自愿，经过申请并通过审核批准，这样的队伍就可以成立。通过训练，这些队伍可以参加学校的比赛，也可以参加更上一级组织的比赛。这种训练队通常会和协会以及俱乐部相关，甚至以这样的形式存在，并完成训练任务。

2. 学校代表队

学校代表队，顾名思义代表的就是学校，为学校出面参加校际或上级组织的比赛，在项目设置上会有一定的依据。这个依据就是学校传统运动项目和上级比赛的竞赛规程，与兴趣训练队相比，学校代表队数量较少，同时，每个队伍中的人数也比较少。其组成成员一般是学习、思想、技术水平都较好的学生。

3. 高水平运动队

高等院校办高水平运动队是高校一项重要的举措，高水平运动队是为国家培养输送优秀运动员的重要渠道。目前，各高校承担着对高水平运动队的招生重任，并对这些队伍进行训练与管理，在此基础上不断探索与创新，这为开创竞技体育人才输送渠道增加了便利，同时，这也是课外体育训练一个很好的指引，给了课外体育运动者很大的机会。进行课余训练可以使运动水平不断提高，同时还可以让参加训练的学生参加比赛，为校争光，从而进一步培养体育骨干。

（四）课余体育竞赛

在体育竞赛中，一个基本的特征就是竞赛。学生通过体育竞赛可以培养竞赛意识，也可以满足竞赛需求。所以，开展体育竞赛有助于推动学校体育活动的开展，也能起到教育的作用，还可以选拔体育人才。在进行体育竞赛时，各个参赛选手还可以通过参赛交流学习，取长补短，不断提高自身的体育素质。下面对高校中几种重要的体育竞赛进行分析。

1. 学校运动会

学校运动会一般会在春季或者秋季举行，此时气候适宜。学校运动会一般项目较多，规模比较大，开展学校运动会也有助于提高学生体育锻炼的热情，对学校田径运动开展的情况做出较为全面的反馈，从而为进一步普及该项运动做出贡献。

2. 传统项目比赛

各校根据自己的实际情况，设置一项或几项传统项目长期开展比赛，如篮球、排球、越野跑、乒乓球、拔河、跳绳等，对学生做出要求，进行积极的锻炼。

3. 对抗赛

不同的班级、院系之间，或者学校之间会联合组织一些比赛，这就是对抗赛。对抗赛的规模比较小，一般是在业余时间组织进行，目的在于互相学习、互相促进、交流经验、共同提高。

4. 友谊赛

与对抗赛比较类似的是友谊赛，不同点就是在对象、水平、规则等方面不像对抗赛那样要求严格。

5. 测试赛

测试赛是为了达到一定的标准或者了解运动员进步情况而组织的比赛。

6. 选拔赛

选拔赛顾名思义就是为了选拔出优秀的队员，而选拔队员的目的是为了组织某项体育活动的运动队。选拔赛即可以单独进行，又可以与其他比赛相结合进行。

7. 表演赛

通常，为了宣传运动会，或者扩大影响，就会开展表演赛。有的表演赛是为了对开展的项目作示范性介绍，如武术、艺术体操、广播体操等。

二、高校体育的目标

要明确高校体育的目标，首先要了解高等学校体育的任务。高校体育的任务主要包括以下几个方面。

（一）全面开展学校体育的各项活动

通过体育活动，大学生可以进行体育锻炼。在国家教育制度中，专门对体育活动的开展做出了指示。通过一个学校体育活动的开展可以看出一个学校的精神文明建设情况。作为学校的主体，大学生同时是体育运动的主体，号召每一个大学生参加体育运动，是学校体育工作中的一项重要工作，将更多地在体育运动中得到的快乐传递给学生，使整个学校朝着朝气蓬勃的方向发展。

（二）传授体育知识、技术、技能，树立终身体育的思想

大学生的求知欲较强，对于知识的吸收能力也较强，在体育教育中，学生能够汲取能量，对体育知识、技术、技能和科学的锻炼方法有一定的了解，在以后的运动生涯中，能够产生良好的作用，并树立"终身体育"的思想。

（三）全面发展学生身体素质

大学期间，学生的身心会发生很大的变化，是人从青年转入成年的重要时期，通过体育运动可以达到健身的效果，预防疾病，让学生有一个健康的身体，完善人的发育。通过体育活动开发人的智力潜能，不仅使身体发展，同时使智力也得到发展。

（四）对学生进行思想品德的教育

在文化教育中，体育是重要的组成部分。经历了体育运动中的对抗，应对着不同的变化情况，经历了参赛后的失败或喜悦，学生也逐渐变得成熟起来，此时也是对学生进行思想品德教育的最好时机。学生通过积极参加体育活动，在思想上更加成熟。也更能面对挫折，迎接挑战，在逆境中不断进步。通过体育锻炼可以使学生之间、队员之间加强合作，加强学生的合作意识和集体主义精神，培养学生爱班、爱系、爱校，最终达到热爱社会主义祖国、热爱人民的思想境界。

（五）发展学生竞技体育能力，提高学校运动水平

在我国教育体制中，高校运动队与省市运动队、俱乐部运动队被共同列为竞技体育的最高层次。在高校中，教育条件较好，拥有良好的教育氛围。因而高等学校可以利用这些条件培养优秀的体育运动人才，并为国家的运动队伍输送人才。不断提高学校运动队的竞技水平，使学生可以看到运动

队的显著成就，激励更多的学生加入运动队，激发他们运动锻炼的热情，从而推动更多的体育运动的举办开展。一个学校运动队的风貌如何，很大程度上能反映出一个学校的综合实力如何，并能通过运动会的举办向他人展示自己的精神风貌，向外界展示学校，与外界建立更加紧密的联系。

根据高校体育教学任务，可以得出：通过教学可以实现教育目的，而这也是基本的途径。确立正确的体育目标，可以很好地引导学生进行体育锻炼，还有助于完成体育教学任务。

做事情要有一定的依据。体育教学目标的确定也不例外。首先要体现出社会和青少年的发展需要。其次，要依据学生的身心特点以及学校实际条件。再次，就是体育的教育功能。

总而言之，学生体育目标要以学生为中心，保证学生的健康，使学生成长为全面人才，培养学生成为全面发展的高素质人才，以更好地为社会主义现代化建设和保卫祖国服务，这才是大学体育教育的最终目的。

三、学校体育与社会适应能力

由于现代社会的快速发展以及人的需求的增长，人的欲望也随之增强，因而各种压力也扑面而来，这就要求人要有一定的社会适应能力。高校教育也越来越关注这一点，如何在教育中融入对学生社会适应能力的培养，这是高校体育教育的一个重要课题。

上面提到了社会适应，现在对其进行简单的介绍。社会适应也称为社会健康，是指一个人在社会不同的环境中，能够很好地适应自己所扮演的社会角色，与他人很好地相处的能力。社会适应强的人通常心理素质也较好，能保持积极健康的心态，与人进行友好的相处，知道如何与他人交往，如何结交朋友，同时还能尊重他人，善于听取别人的意见，并清晰地表达自己的思想，在社会中找准自己的位置。

（一）对社会适应的评价

可从以下几个方面对个人的社会适应健康状况做出评价。

（1）接受与他人的差异。

（2）能与同性或异性交朋友。

（3）主动与人交往，有稳定而广泛的人际关系。

（4）与家庭成员和睦相处。

（5）当自己的意见与多人意见不同时，能保留意见和继续工作。

（6）有1～2个亲密朋友。

（7）共同工作时能容纳他人，能接受他人的思想和建议。

（8）交往中客观评价他人，能自我批评，取人之长，补己之短。

在现实中，很容易辨别出那些社会适应能力低的人，这些人总是牢骚满腹，骂骂咧咧，不是表达对他人的不满，就是表达对社会的不满。屏蔽他人的规劝，甚至反感他人的劝说。还有的人表现自私，只看到自己的利益。还有的人害怕与他人接触，畏畏缩缩，最终形成孤僻的性格，不被别人所接受。

（二）社会适应对身心的影响

1. 人际关系出现障碍

实际上人类心理适应主要是针对人际关系的适应而言的，所以人类心理病态主要由人际关系失调而来。相关的研究数据表明，一个人交往的范围越广，健康状况越好，寿命越长。

2. 对社会环境不适应

随着现代社会的发展，我们对越来越多的疾病耳熟能详，如自闭症、抑郁症等，这表明越来越多的人对社会环境的适应能力差，还有更严重者，会对社会产生仇恨的心理，只看到社会的阴暗面，继而心理扭曲，各种各样的精神疾病随之而来。

3. 对家庭不适应

人从出生到成长再到老去，总会成为家庭的一员，因而也扮演着不同的角色。人一出生注定要面对家庭，扮演不同角色，为人子、为人夫、为人父等，从一个角色到另一个角色，有的人难以转换，有的人难以应对，肩扛的是责任，面对的是压力，因而有的人很容易产生疲惫感，甚至是恐惧感，久而久之，心理健康受到影响，身体健康也跟着受损。因而，要加强体育锻炼，保持良好的心态，建立良好的人际关系。

（三）高校体育对学生社会适应性的影响

1. 高校体育能够促进大学生适应社会的合作意识和团队精神

人类社会通过合作才能更加进步。在高校体育运动中，很多项目需要通过合作来完成，这就有相应的合作团队。团队成员朝着共同的目标一起努力，在合作的过程中互相交流，互相学习，从而使整个团队的水平得以提升，团队成员之间的信任感也增加。在进行一些相互依赖的运动项目的任务时，通过合作，能够更加流畅地完成该任务。

在现代社会中，是知识与信息充斥的社会，各个学科之间是相互渗透的，对于社会分工也越来越精细，此时与他人的合作就显得更加重要，这也在客观上要求必须具有与他人进行合作的能力。在一些体育运动项目中，如篮球、足球、排球等，这些项目的完成需要团队成员共同努力，需要所有成员的相互协作，此时，合作能力是团队成员必备的素质，通过这些体育运动，团队成员的合作能力也不断提高。学生在这样的活动中，需要充分发挥自己的作用，并且与他人相配合。因而，经常参加这样的体育活动，可以加强学生的集体意识，还可以培养学生的团队意识。

2. 高校体育有助于大学生人际关系的改善

整个人类社会是一个整体，脱离了社会，人际关系也不复存在，因而，在人类社会中，每个个体之间是相互联系的。这就对人的人际交往能力提出了要求，一个人能否适应社会，与人成功地进行交往是一个重要的衡量标准。在体育运动中，人们相聚在运动场上，进行一些比赛，人们之间的联系就会加强，体育运动使人们相聚在运动场上，进行平等、友好和谐的练习和比赛，使人们相互尊重，更能结交新的朋友。

在体育锻炼中，任何一个项目都对技术动作有要求，这就需要参加运动的人不断进行学习，遵守规则，不断完善自己的动作，对自己的错误动作不断纠正。在纠错过程中，需要与教师进行沟通，或者是和其他同学互相交流，这都是一个与人交流的过程，一些运动项目也需要与别人相互协作配合，要求队员之间有良好的合作，这能促进良好的人际关系的形成。

3. 高校体育有助于提高大学生的心理素质，从而提高社会适应能力

与其他学科相比，体育有一个显著的特点，那就是竞技性强，只要是有比赛，就会一争高低，此时就会有赢有输，这就必然有成功也有失败。无论是成功还是失败，学生慢慢地会坦然处理，学会了胜不骄、败不馁，在这个过程中，人的心理素质也得到锻炼，心理承受能力不断加强。

4. 高校体育有助于塑造学生的健全人格

在体育锻炼中，人的整个身体跟着动了起来，因而也会承受一定的生理负荷，此时人会感到疲劳，这就要求学生不怕累、能吃苦，通过体育锻炼克服困难，建立起顽强的意志。体育运动种类较多，不同种类的体育运动对人的要求也是不同的，有的要求速度快，有的要求耐力长，有的动作比较复杂而且比较危险，有的动作繁杂不容易掌握，这就在客观上要求学生勇敢地去尝试、果断地做判断。在体育运动培养的这些品质对于学生来说意义十分重大。学生离开校园，进入社会，会有各种各样的挑战，而在体育锻炼中培养的这些优秀品质对适应社会也有十分巨大的意义。

5. 高校体育有助于学生体验不同的社会角色，树立正确的价值观

每个人在社会上都承担着自己的社会角色。在高校，学生也不仅仅承担着学生的角色，还在不同的场合扮演不同的角色。在不同的运动场合中，对其中的参与人员有不同的要求，此时，学生需要明白自己的角色，能够清晰地认识到自己"做什么，怎么做"，并重视这项活动以及自己扮演的角色的社会意义，为学生能够更好地走向社会打下基础。

无论时代风云如何发生变化，人类对和平和自由的渴望始终占据着主导地位。而体育运动的宗旨、所奉行的价值观，都符合人类的共同愿望，都展现出积极阳光的正能量，对于培养学生健康健全的人生观价值观具有十分重要的意义。

6. 高校体育有助于学生适应社会发展的生活方式

当前，随着科技的不断进步，人类文明发出璀璨的光芒，人们的生活水平也极大地提高了，与此同时，人们的生活节奏加快，压力也不断增加，这导致众多疾病的发生，人们将之称为"现代文明病"。为了防止体力衰退，预防各种各样的疾病的发生，人们也越来越重视自己的身体素质，也越来越重视体育运动。而丰富多彩的体育运动无论在强身健体上还是健美塑形上都极大地满足了人们的需求。体育运动具有动态性，一些体育运动的趣味性也很强，通过体育运动，人的身体不仅得到了锻炼，神经系统得到了休息，而且还能保持心里愉悦。

通过体育运动，大学生的身体和心理都能保持健康，同时一些体育技能的掌握使大学生保持快速、敏捷的活动方式，人体能够更加适应快节奏的生活，应变能力也增强，也更能承受一些挫折。

7. 高校体育有助于培养学生丰富的情感生活

责任感、道德感以及追求感是现代社会中人的主要的情感表现。一些体育运动要求参与者与团队其他人员的配合，也要求参与者以积极的心态进行体育锻炼，这实际上就在客观上要求参与者要有强烈的责任感，不仅对自己负责，还要对他人负责。同时，在学校体育里，学生可以得到对集体的信赖感和依托感。因而，学生在体育运动的过程中，对于成功和失败的感受更加真切，也更培养拼搏奋斗的精神，在运动中体会不同的情感，丰富自己的情感。

第二章 高校体育文化

在大学校园中，一个重要的部分就是校园文化，一个学校的校园文化如何很大程度上反映了社会主义精神文明的建设状况。同时，是学生精神文化的反映，彰显了学生的道德情操和文明素养。一个校园文化建设的状况如何还能展示出这个学校的综合实力如何。发展校园文化有助于培养学生的创新精神，同时还可以提高学生的实践能力。因而，搞好校园文化对于一个学校的发展也是至关重要的。高校应该将校园文化作为一个重要的课题来研究。放眼整个社会，校园文化又是社会文化的一分子，因而，校园文化的发展对于整个社会文化的发展也具有十分重要的意义。当然，精神的基础是物质，校园文化的建设基础就是物质方面的极大发展，物质方面的极大发展同时促进了人的发展，校园文化就是基于此进行建设发展的。校园文化活动的蓬勃开展，无论是对学生自身的发展还是对于整个学校的发展都意义非凡。它既可以提高学生的人文道德素养，拓宽同学们的视野，也可以为社会培养一专多能的跨世纪、高层次的复合型人才。

第一节 校园体育文化的理论概括

一、校园体育文化的定义

（一）校园体育文化的概念

从字面意思就可以看出，校园体育文化既包括校园文化又包括体育文化，是两者的结合。校园体育文化不仅反映了校园文化，还是体育文化、体育精神的体现，可以说是整个学校师生在实践过程中创造出来的体育精神和财富的总和。了解校园体育文化，就应该追溯它的内涵和外延。首先，它是校园文化群的一分子，与校园德育、智育、美育文化站在同一位置，共同为校园文化服务。其次，校园体育文化与竞技体育、群众体育等共同丰富着体育文化群的内容。广义上的校园体育文化就是学校师生在进行体育教学和学习的实施中创造的精神内容。狭义上的校园体育文化是以学校为背景的，是在各种体育活动中创造出来的体育精神、体育的价值观念、体育道德和体育能力，是教师和学生共同努力的成果。在学校体育文化中包含很多内容，这些内容繁多但不杂乱，非常系统，大体上可以分为三个层面："第一层是精神层面，居于主导地位，其中体育健康价值观是学校体育文化的本质和核心，决定了它的目标；第二层是制度、方法层面，这个层面既是学校体育的组织形式，也是学校体育意识的体现，包括体育教学、课余体育活动、体育科学研究、体育竞赛、体育协会、体育交流等全方位制度、方法的确立；第三层是物质层面，是学校体育文化的基础，也是客观物质保障，包括校园的体育建筑、环境、场地、器材、用品和师资队伍等。以上三个层面在学校体育文化建设过程中，应当在'以人为本'的基础上获得协调发展。"[1]

（二）校园体育文化功能

1.教育熏陶，促进身心全面发展

通常在文化环境中，旧的文化不断积淀，新的文化不断产生。在这个环境中，人会不断受到新文化的熏陶，同时不断地接受新的文化的滋养。校园体育文化是存在于学校中的，同时以体育文化的形态展现出来。在高校，体育老师的素质相对较高，有着丰富的体育知识，同时是体育知识的传递者，他们肩负将知识传授给学生、实现体育价值的重要使命。同时，文化是独立的，不会因为人的产生而产生，也不会因为人的消亡而消亡。它是一种超个体的社会存在。如果从个人的角度看，文化是先于个人存在的，人在其中并受到它的影响。人在这样的环境中，受到潜移默化的影响，并逐渐寻求突破，实现人从"自然"到"文化"的转变，从"现实"到"理想"的转变。

---

[1] 宋雪莹.国际体育交流对开拓新中国外交局面的影响和作用 [J].天津体育学院学报，2002（03）：73.

2. 强身愉情，增进人们身心健康

世界卫生组织对健康做出了新的定义："健康应是在精神上、身体上以及社会上保持健全的状态"。这个观点对人的健康进行了简单的说明，阐明人的健康包括身体和精神两个方面。其中身体健康就是针对人的身体，包括发育良好、生理机能正常以及承担负荷时能够做出适宜反应。在校园体育文化中，身体运动是行为文化最基本的表现，身体运动构成了体育锻炼。在这个过程中，它刺激着人体各个器官，使得机体在形态结构、生理机能等方面发生一系列适应性反应，人的机体受到积极的影响，从而身体朝着健康的方向发展。在校园文化中，无论是意识方面的发展，还是行为、物质方面的发展，它们都能调节人的心理，丰富人的精神文化生活。通过锻炼，不仅可以强身健体，还可以锻炼人的意志和高尚的品质。还可以促进与他人的沟通，建立强烈的集体责任感，使人与他人的相处更加融洽，无论是身体上还是心理上都得到应有的发展。

二、校园体育文化的意义

校园文化是由学校开展组织的，其构成部分包括学校的发展目标、价值观念、风格特点、传统习惯和规章制度等。我们经常听到多元的校园文化建设，这也是现在高校校园文化建设的重要方向。当然，多元的并不一定是合适的，建立多元的校园文化必须立足于现实，并着眼于长远发展，这在客观上要求要重视体育活动的开展，使校园文化建设活动寓乐、美、学、文于一切健康有益的社会活动之中。当然，建设校园体育文化就必须要有一定的指导思想，那就是现代体育思想。以这个思想为指导，促进校园文化建设，将体育活动重视起来，建设校园体育文化，构建凝聚群体意志和力量的团队精神。

（一）体育文化是校园文化不可分割的整体及校园文化的特点

1. 校园文化的整体性特点

体育文化不是单一的，也不是简简单单的对文化活动的开拓。它的发展以大学传统为基础，糅合了先进的大学精神。并且通过校风、学风等形式体现出来，它是校园精神的体现，在每一个学生心中都有位置。它还是一种群体文化的体现。在高校，任何一种校园文化传播中，从设计这个精神理念到最终的实施都需要漫长的过程，包括教学、科研、管理、后勤等各部门的行动，群体协调。

2. 校园文化的实践性特点

校园文化不仅是精神层面的，更是实践层面的。无论是学校层面、管理层面、教师教育层面还是学生层面，它们之间都存在着继承、发扬的关系，都在不断地修正、完善。与此同时，校园文化同时也是一个系统工程。这个系统工程的完成同样离不开实践。

3. 校园文化的主体性特点

在校园文化的建设中，必然离不开一些相关人员的努力，如教师以及相关的管理人员，还有学生，而这些人员不仅是校园文化的建设者，还是校园文化的受益者。课堂教学、课外活动、学术论坛、社团组织的各类活动、媒介宣传引导、各类的竞赛活动等，这些活动的开展需要人的主动性，而在学校，这个任务就交给了教师、学生，需要他们共同建设美好精神家园。

（二）校园体育文化在校园文化建设中的作用

在体育文化中，体育运动是重要的载体，也是一种社会文化需要。作为一门学科，体育有着比较强的教育作用。在整个校园文化建设中发挥着重要的作用。

1. 高校体育具有教育效能，在校园文化建设中育德于乐

体育活动是集思想性、学习性为一体的，在校园文化中，体育活动发挥着无形的作用，能在体育活动和体育锻炼的过程中培养人、教育人、改造人，从而起着润物无声的作用，浸润着每一个校园人。同时，在学生价值观的塑造上，体育活动也能起到良好的作用，除此之外，还可以对学生的政治素质以及知识技能的提高、塑造健康的人格心理等方面起到重要的作用。从而使得学生不断完善，使学生对不同程度上产生的错误思想以及行为进行调整。高校体育文化的群众基础广泛，德育功能作用显著，这些方面使得校园人的审美情趣有所提高，使高校形成具有鲜明特点的校园文化。

2. 高校体育具有凝聚效能，在校园文化建设中寓教于乐

青年学生是旭日，是阳光，是祖国的栋梁。因而关注青年学生的发展使高校重要的职责，必须引导青年学生努力拼搏、刻苦成才，发挥凝聚力和战斗堡垒作用。在体育活动中，一些竞技类的项目十分重视运动员的集体精神和顽强拼搏的精神，通过这样的体育活动中，运动员之间可以沟通感情，进而增进友谊。因而，高校体育是校园文化的一部分，通过体育活动，人们可以产生认同感、使命感、自豪感和归宿感，合成巨大的内聚力，从而凝聚在一起，让个体目标集中起来，汇聚成学校的总体目标。

3. 高校体育具有激励效能，在校园文化建设中励志于乐

积极向上的体育活动要求人的精神面貌积极向上，同时对人的主观能动性有一定的要求，人在这样的活动中还可以发挥创造性，最终形成一种巨大的鼓舞人心的精神力量，这就构成了学校活力。在校园文化工作中，体育工作是一个重要的组成部分，如果缺失了体育工作，校园文化就缺失了应有的生机和活力。因而，高校在重视教学与科研的同时，还要注重以有效的体育活动相配合，增加校园文化的活力。

4. 高校体育具有传播导向效能，在校园文化建设中获智于乐

在运动场中，学生之间的合作最容易传递真情实感。同场竞技者之间也更能传达喜爱和尊重，以及建立起互相信任的感情。因而在运动中，尊重自己和他人，实现合作，把握适度忍让和情感表达是高校学生的重要课题，学习、做人以及做事三个方面相互统一。在高校，开展体育活动能陶冶、感染、规范学生，使学生提升集体意识，将自己的目标融入到集体目标中。

（三）应该采取怎样的措施来发展校园体育文化

1. 要树立科学的校园体育文化观

校园体育文化的发展受到校园体育文化观念的影响。而校园体育文化观指的是"个人或社会对体育存在的意义和价值的认识或看法"。作为校园体育文化参与者的学生和教师，应该树立这样的观念：要树立健康的生活方式，体育是必须重视的。无论是师生生活，还是健美娱乐，体育都是不可缺少的。体育能够使个体变得更加完善，有助于实现个体的价值，同时体育也可以强身健体、缓解学习疲劳和工作压力。

2. 要转变教育思想观念

在校园体育文化建设中，教育思想和教育观念是关键所在。无论是教育目标的确立，还是体育课程的设置，抑或是教学内容的开展，这些方面的开展都会受到教育思想、教育观念的支配和指导。因而，组建新的大学体育教育体系，就必须用新思维武装头脑，用新标准评价活动，用新目标来为活动指导方向，争取塑造新的大学体育教育模式。这就需要转变教育思想观念，增强学生的体育意识和健康意识，培养学生自觉参与体育锻炼的兴趣和习惯，另一方面，树立终身体育的发展观。

3. 加强校园体育文化制度建设

学校根据自身的特点创建了校园体育文化制度，这个制度包括"学校

颁布实施的涉及体育教学管理、运动竞赛管理、体育社团管理等各方面的规章制度"。建设好这个制度需要全体师生共同的努力，其中学生的建议十分重要，这关系到制度能否接地气，能否为实际所用，从而进一步决定了能否激起学生共同参与建设校园体育文化的兴趣。

4.加强课余体育俱乐部和运动队建设

课余体育俱乐部通常是利用课余时间举办的，本着学生自愿参加的原则，其主要目的就是健身和娱乐，属于休闲娱乐的组织。如果课余体育俱乐部举办的活动比较成功，说明俱乐部就是一个成功的俱乐部，这对校园体育文化建设具有举足轻重的作用，常常会对师生员工产生巨大的凝聚力。

5.实施"主体性教育"

与以往校园体育文化的建设相比，要改变学生在文化活动中的地位，变被动为主动，充分提高学生的自主性、主动性和创造性，使校园体育文化成为学生自己的体育文化。

第二节　高校校园体育文化的理论概括

在高校，校园体育文化是校园文化不可分割的一部分，是高校师生接触最为广泛的一种文化。大学生可以根据个人爱好的不同，开展各种各样的体育活动，可以以竞技为目的，也可以以娱乐为目的。如传统保健体育、现代健身体育和娱乐体育等，这些活动的开展增强了校园体育文化氛围，使得课余文化生活更加丰富。因而加强高校校园体育文化建设意义非凡，在营造文化氛围和提高育人质量上，有着极其重要的作用。

一、高校校园文化的定义

对于整个社会而言，高校为其培养和输送人才，对于文化的传承有十分重要的作用。同时，高校有着很强烈的文化气息、文化积淀，是重要的知识传播场所，因而，高等院校的改革与发展对我国经济、政治、文化的进步与发展有着深远的影响。虽然在近些年来，高校改革取得了一定的成绩，也为社会培养了不少的人才，但也存在着严重的问题。其中一个重要的问题就是对体育的漠视。但高校体育文化在潜移默化中影响着广大师生，无论是在发展的角度，还是在教育学的角度，或者是从社会学的角度来看，高校体育时刻发挥着作用，对于培养学生身心健康以及各种能力、习惯、思想意识方面都作用显著。

在高校校园这种特定环境中，一种文化形态产生了，并逐步生存下来发展壮大，这就是高校校园体育文化，从整个社会角度而言，它是社会体育文化的一个分支。1974年，《体育运动词汇》对"体育文化"作了如下定义："体育文化是广义文化的一个组成部分，它综合各种利用身体锻炼来提高人的生物学和精神潜力的运筹、规律、制度和物质设施。"[1]

高校校园体育文化的主体依然是教师和学生，其目的也是为了培养和造就合格的人才，与一般教学不同的是更注重学生的身心健康，手段以身体锻炼为主，属于一种重要的精神文化现象。高校校园体育文化与高校校园文化是紧密相连、相辅相成的。如果高校体育文化做得好，高校校园文化会被推进，但如果高校体育文化做得不好，就会起到相反的作用，阻碍高校校园文化的发展。在高校，校园体育文化看重的是学生的健康，但相比一般自由锻炼而言，高校校园体育锻炼有较高的品位和层次，虽然比较大众化，但是是校园内的大众化，因而有着浓郁的校园文化气息和健康生活气息。高校体育文化更看重师生的体育价值观，强调健康的身体和灵魂，大学生要具有体育行为方式、思维形式和活动方式，而实现这样的目的主要的途径就是校园体育课程、体育课外活动、体育艺术活动、校园体育竞赛活动、体育欣赏活动等。从理论层面而言，高校校园体育文化具有三个层面，分别是精神文化层、制度文化层、物质文化层。其中，毋庸置疑，精神文化层面处于主导地位，只有从思想意识方面武装学生的头脑，让学生树立体育锻炼的观念，体育锻炼才能深入人心，学生才能自觉进行体育活动。而与之相匹配的物质文化则是保证运动能够正常开展的基础。制度文化层面是联系两者的纽带，保证物质层面的良好供应，同时保证精神层面的紧跟不舍，不断层。就三个层面的关系而言，三者缺一不可。它们共同彰显着高校体育文化的底蕴，"对大学生身心健康发展起到'润物细无声'的滋润作用"[2]。

二、高校校园体育文化的结构与内容

（一）校园体育文化主体形态的层次结构

不用多言，在任何活动中，人都是主体，校园体育文化活动的开展也是如此，人是最活跃、最重要的校园体育文化构成要素。校园体育文化着

[1] 宋雪莹. 国际体育交流对开拓新中国外交局面的影响和作用 [J]. 天津体育学院学报，2002（03）：73.

[2] 黄璐. 高校体育工作改革探索 [J]. 体育文化导刊，2011（11）.

眼于人，本着以人为本的教学理念，将人力资源的开发、管理和利用放在重要位置。校园体育文化包罗万象，其中囊括的内容众多，不仅对校园成员的体育文化水平做出了要求，同时还对校园成员的体育道德、观念、态度、语言艺术做出相应的规定。在教师方面做出了规定，例如业务能力方面、科学化训练水平方面，当然，在学生方面也做出了相关要求，如学生的运动水平、运动成绩、健身水平、服饰内容等方面。对学生的要求不仅仅是这些方面，还包括学生的素质、作风以及体育精神的树立等，校园成员素养与水平整体上的提高，也包括贯穿学校全部教学过程和制度实施中学校体育精神的宣传、灌输和渗透，更包括了充分发挥以名师名生为代表的群体在校园体育文化建设中的主体作用、榜样作用和示范作用，充分给予他们在教学、科研、训练、健身过程中展示个人魅力的机会。总而言之，校园体育文化的形成是全体师生共同努力的结果，无论是其形成、发展和特色的定型都需要人的参与，都是人活动的结果，其中离不开主观追求、设计与创新。但是由于学校内群体不同，无论是身份上还是扮演的角色方面都不同，因而校园体育文化客观上存在干部体育文化、教师体育文化、学生体育文化三个有区别的层次。"学生体育文化是校园体育文化最表面、最活跃的层次；教师体育文化处在稳定的中间层，是校园体育文化的主导方面；干部体育文化以学校决策管理层为代表，是校园体育文化整体自觉发展、主动创新的重要动力"[1]。

1. 干部体育文化

干部是高校里面的决策层，他们对高校的体育文化发展有着举足轻重、不可替代的作用。他们的个人理念、办学思想、教育理论水平以及能否用发展的眼光去看待问题、把握体育文化发展趋势，每一项内容均影响着高校体育文化的发展走向，对校园内体育文化氛围具有决定性的指导作用。学校领导集体是高校体育文化创新的基础，发展的主要动力，是高校体育文化发展的重要基石。

干部对于新兴文化的潮流的认可度，往往决定了高校学生对学校的第一感觉，这种跨越年代的文化交流，影响着高校与学生，教师与学生之间的关系。学校领导承担着高校政治建设、文化建设、思想建设的主要职能，代表着学校对高校新兴体育文化潮流发展方向的认可，代表着学校管理制度的优越性。

---

[1]　田爱华，刘海滨，孟昭莉. 高校校园体育文化的传播模式研究 [J]. 赤峰学院学报，2009（5）.

2. 教师体育文化

教师是高校体育文化的执行者和见证者，教师的群体主要包括：新入职的青年教师、科研人员、行政管理人员以及离退休人员。他们是沟通高校领导决策层和学生之间的纽带，是传达高校未来体育文化发展方向的桥梁。一方面，高校教师承担高校的教学以及管理工作，最直接地面向学生群体，高校教师对高校的管理方式和发展方向，影响学生对高校的态度。另一方面，高校教师的个人修养、学术水平以及对待生活的态度，都对学生有较深的影响。校园体育文化建设必须通过教师这个桥梁，将高校文化建设的理念传达给学生，同时将学生自身发展的诉求反馈给学校决策层。

3. 学生体育文化

在学生体育文化中，一个重要的群体就是学校各办学层次的所有学生，这也是主体部分。学生在学校的主要任务是在教师、科研人员、管理人员和退休人员的指导和影响下，通过学习获取知识、运动技能与健身方法，提高身心素养。通常，学生体育文化的形成发展需要教师的指导和影响，这是它的一个重要特点。"学生体育文化是最丰富多彩和形式多样的，它表现在教学、科研、社团、文艺、俱乐部、课外活动、娱乐活动、野外活动、健身活动、社会实践活动、体育文化节、体育周、体育比赛、运动队训练、讲座、竞赛、讨论、宣传、演讲、网络、多媒体等学校的一切方面"[1]。在学生体育文化中，一般呈现出人多面广的特点，这也会引起很多人的误会，认为校园体育文化等同于学生体育文化。大学生思想活跃，更容易接受新事物，在他们之间更容易展开文化传播，因而学生体育文化经常是高校跨文化交流的最前沿和最活跃的部分，也是校园体育文化中文化冲突乃至社会政治冲突的焦点。

（二）高校校园体育文化质态层次结构

1. 校园体育精神文化

在生命哲学的观念里，认为在人的一生中，生命活动的形式高于一切，而生命活动的主要内容就是精神活动，因而也只有精神文化才真正表现出文化的生命特征。可以说，学校文化的交流就是学生之间灵魂的交流，是生命与生命之间火花的碰撞，同时这是一个互动的过程，而不是孤立的过程。校园体育精神文化是在校园中由师生长期创造的、特定的一种精神财

---

[1] 田爱华，刘海滨，孟昭莉.高校校园体育文化的传播模式研究 [J]. 赤峰学院学报，2009（5）.

富和文化氛围。它主要存在于人的观念和价值体系中，并在这些方面呈现出来。精神文化包括身体观、健康观、运动观、体育观、审美观、道德观、人际关系、体育意识、体育思想观念、价值取向、实践能力等，从深层影响着全体师生员工的思想、理想、信仰、意志、态度、情感及行为[1]，因而，创建校园体育文化，既要体现出校园风貌，又要传达出校园师生的情感精神，使整个学校变得生机勃勃，充满活力。同时还要对学校体育历史传统、办学特色、体育精神风貌等有所反映。在每一所学校中，都有自己独特的文化，也就有自己独特的校园体育文化。但是这只是一个方面，这并不能说明每一所学校都可以形成或凝聚起自己独具特色的学校体育精神。在一所高校中，如果说到校园体育文化的核心和灵魂，那就非学校体育精神莫属。校园体育精神具有独特的魅力，它对校园体育的方方面面都能发挥强有力的作用，成为凝聚全体师生员工共同奋斗的精神动力。一个很好的事例就是清华体育，在学校领导和教师的共同努力下，清华体育形成了自己的体育传统，并不断保持下去，而这种光荣传统的源头就是清华教育者"健全人格"的教育思想和忧国忧民的爱国之心。

2. 校园体育艺术文化

（1）体育艺术文化的内涵

与体育物质文化以及体育精神文化不同的是，体育艺术文化处于中间位置。在历史文化发展的长河中，体育和艺术由之前的遥遥相望到逐渐靠拢，并逐渐交融汇合，不断地相互渗透。苏联学者莫·卡冈说："在最远古代时代体育运动对艺术文化的影响仅限于舞蹈的范围内，再晚些时候体育运动与艺术的混合性成了杂技艺术的基础。现在体育运动和艺术文化的影响日益广泛和多样。这也是可以理解的，因为在我们今天，体育运动取得了这样的群众性，这样牢牢地进入了每个人的日常生活。作为早操、生产操、中学和高等学校里的体育课，群众体育团体的工作的形式，最后还以在露天或卫视转播节目中观看的表演形式进入每个人的日常生活。当然体育技术同物质生产技术一起要求当代艺术掌握它的资源，以使艺术语言尽可能与当代人的世界观相符。由此产生了这种新的而且在短时间内成为如此普及的艺术品种，如艺术体操、花样滑冰、冰上芭蕾、花样游泳、群众体育检阅节。"有的学者根据这段话预言，在未来的发展中，高校体育精神将逐渐与艺术靠拢，并最终走向艺术体育。"苏珊·朗格曾指出：当今艺术的

---

[1] 田爱华，刘海滨，孟昭莉. 高校校园体育文化的传播模式研究 [J]. 赤峰学院学报，2009（5）.

边界已变得越来越模糊，连体育也有重返艺术的迹象。已退休的前奥运会主席萨马兰奇曾经说过：'我们把体育与艺术看作是一回事，艺术和体育就是我们奥林匹克的定义。'"[1]今天在一些体育竞技运动中，体育项目众多，人们可以观赏不同的体育赛事，运动员优美的动作让人们叹为观止。运动员通过优美的体育动作向人们展示出拼搏进取、公平竞争的精神，带给人们一次又一次的视觉盛宴。这些"流动的艺术品"又将即兴创新动作等"物质中的思维"和爱国主义与个性的张扬联系起来。他们这种具有双重意义的表演难以用其他符号表达，故它应该隶属于体育艺术文化体系。

（2）体育艺术文化的主要内容

校园体育艺术文化主要包括以下内容：①体育绘画；②体育雕塑；③体育建筑艺术；④体育表演艺术；⑤体育欣赏。

体育表演艺术。从字面上不难理解，体育表演在体育的基础上更注重表演，也就是通过一系列的体育动作来展现自己的美，这样做可以提高自己的审美能力，也可以更好地把握美。除此之外，也可通过观看别人表演来提高欣赏美的水平。

体育欣赏。通过观赏体育比赛可以使学生的情操得到陶冶，让学生变得更加热爱体育活动，更能在体育活动中感受美，提高审美情趣。在这些比赛中，一些高超的运动技巧很容易让观众折服，也很容易带动观众的情绪，比赛中所展示的拼搏精神很容易让观众产生共鸣。这是其他任何表演所难企及的。学生在从事体育活动时，有时会产生一种"尽善尽美"的追求，这就好比艺术家对艺术的追求，从体育中产生的"身心一致""天人合一""返璞归真""融于自然"等体验是珍贵的，具有双重的体验，既包括精神体验，又包括身体体验。

现代生活中体育与艺术逐渐走在一起，并呈现出广泛融合的趋势，是"体育游离实用中心向着艺术逐渐推移，艺术游离审美中心向着生活实践领域（包括体育运动）逐渐推移，双向互动，动态生成的结果，是文化发展史内部方向相对、作用不同的两种历史性律动形式相反相成的结果"[2]。

（3）校园体育制度文化

校园体育制度文化是针对校园体育的一些规章制度，主要通过文字的方式进行传达。学校制定的体育章程、条例、规定、办法、公约、实施细

---

[1] 田爱华，刘海滨，孟昭莉.高校校园体育文化的传播模式研究 [J].赤峰学院学报，2009（5）.

[2] 舒为平.北京奥运会对全民健身活动的影响 [J].成都体育学院学报，2003（2）.

则等制度以及办学目标、校训、教风、学风等，这些都属于校园体育制度文化。通过校园制度的实施，学校的秩序得以维持，活动得以正常开展。校园制度对学校成员的行为、态度和作风起着规范作用，并对校风的形成起一定的引导作用，如倡导健康的价值观、健康观、审美观，使之与校园体育精神相一致。它是体育精神文化在学校各个方面管理上的体现。如果一个学校徒有先进的校园体育文化精神，但是不能将其作用发挥出来，就只能是一纸空文。而实现校园体育精神就必须要有相应的制度及相应的机制来配合，使校园体育精神得以表达出来，将精神文化层面的东西得以实践变现，最终形成新的体育文化风尚，从而不断推动校园体育文化的进步。当新的校园体育精神文化转化到了制度上时，这就标志着校园体育精神得到了有效地传播，并且校园体育文化创新得到了落实。实际上，体育制度创新就是体育教育创新的一个方面，其本质就是文化的创新。随着经济的发展，社会不断的进步，人们的价值观念也发生着改变，高校师生也是如此，健康观念越来越深入人心。但是，在制度方面，高校在有些方面做得不尽如人意，这也成为阻碍高校发展的一大原因，阻碍了高校对于人才的培养，降低了体育教学质量。在当前的高校体育改革中，制度创新是推动高校体育发展、建设高校校园体育文化的途径。而在体育创新中，一项重要的内容就是体育制度创新。只有不断的制度创新，才能有体制的不断深化。

（4）校园体育物质文化

校园体育物质文化以物质的形态表现出来，如学校的体育建筑、生活设施、校园教学环境、自然生态环境等都属于物质文化范畴。人在一定的环境中生存发展，总是希望生存发展的环境越来越好，也在不断改善生存发展的条件。而人对周围的环境客体作全面认识和综合解释，就是环境知觉。根据环境知觉的指导，人会产生各种各样的活动，使两者发生联系，最终产生意义。人出于对自然、社会和人自身的理解，对分化的空间做出自觉的安排和使用，就是空间设计。而进行空间设计产生的直接结果就是体育物质文化的形成。这些保障了校园文化能够正常进行，但是如果这些方面考虑不周，做得不够完善，那么就会从规模上制约校园体育文化的发展，并影响校园文化的质量。从格局上而言，校园物质文化处在外层，校园精神文化和制度文化处在内层。在校园的体育物质设施建设上，通常凝聚了一定时代学校全体师生的体育文化思考，最能直观地反映出高校对体育文化的态度以及重视程度。如果一所高校有十分丰富的物质文化，那么校园体育文化生活也必定是丰富的，这所学校的气质和风格也是十分独特的。但反之，如果校园体育物质文化得不到相应的重视，那么，与之相关的一系列活动都会受到影响，如体育教学、科研、训练、健身活动等，而无论是学生还是教师，都不会养成全面发展的观念，这不利于终身体育的养成。因此，在好多知名的高校里，对于学校体育建筑风格、整体布局和校园生态环境的建设都非常重视。

校园体育物质文化是一种特殊的物质文化形态，而校园作为比较特殊的物质环境，就是因为它是专门的育人场所，而非一般的盈利性机构。育人的意向性要求使其本身包容丰富的教育意义与教育价值。在校园体育物质文化中包罗万象，不仅包含体育方面的知识，同时还有着历史、传统、体育文化和社会价值的积淀，教育意义显著。通过体育物质文化，学生能够掌握一定群体的环境知觉，同时领会特定体育文化的空间设计、态度、情感、健康观和价值观，在这样的体育文化环境中受到其潜移默化的影响。

（5）校园体育行为文化

"校园体育行为文化包括校园内人们的日常言行和开展的教学性、学术性活动，各种健身活动，各种娱乐性活动，体育消费、体育时间和空间利用等。"[1] 校园体育行为文化当然和校园师生的行为有密切的关系，它是通过师生的身体活动形态表现出来的，是一种活的体育文化形态，在这样的文化形态下，人们可以将真实的情感、态度表达出来。虽然它和前四个内容同属校园体育文化的范畴，但与前四个内容有着很大的不同。如果普及好体育行为文化，那么上面四个方面就有了资源性或环境性的作用，最终形成高校跨文化交流的活跃"界面"。前面说过，校园体育行为文化处于校园体育文化的外层，正是由于这样的情况，所以它与其他文化接触更多，更具开放性，也更加多元化。

（三）校园体育文化中职能形态的层次结构

在校园体育文化中，会有不同的部门执行不同的使命，这就产生了相应的职能部门。这个举措使文化渗透影响的方式出现差异。按照职能的不同，校园体育文化可分为体育决策管理文化和体育教学、学术、训练、健身文化及体育生活娱乐文化三个层次。

1. 体育决策管理文化

体育决策管理文化是指学校体育决策与管理的理念以及相应的制度、方式、结构、原则与行为等。如果理念不同、结构不同、制度方式不同，

---

[1] 舒为平. 北京奥运会对全民健身活动的影响 [J]. 成都体育学院学报，2003（2）.

那么形成的决策和管理也是不同的，如果是不同的原则与行为，那么也会影响体育决策管理。也就是说，在不同的条件下会形成不同的决策与管理，也会折射出不同的体育价值观念与体育文化意义，而最终就导致不同的校园体育文化。窥一斑而知全豹，人们可以通过学校的决策与管理，更加深切地感受到学校体育文化的品位。因此从职能上来说，决策管理文化不仅是一个独立的校园体育文化层次，而且居于校园体育文化的中心枢纽地位。

2. 体育教学、学术、训练、健身文化

体育教学、学术、训练、健身文化是在教学、科研、训练与健身行为、结果和制度上积淀起来的文化。而这也是它与高校其他文化相区别的重要方面。在高校体育文化中，体育教学、学术、训练与健身是重要的内容，能否将这些内容搞好关系到高校办学层次的高低，也就是说，体育文化建设是高校办学能力高低的一个重要体现。因而，体育教师的教学水平也在校园体育文化甚至是校园文化建设中具有举足轻重的作用，如果他们有较强的学术水平，有远大的学术抱负，那么这就会转化为强大的体育精神动力，而求真敬业的良好教风、训练作风也促进健康第一理念的形成，学生跟着受益，这就更能培养出合格的人才。良好的学术文化同样是大学生学习创新、提高素质、建设良好学风、考风与健身作风的强大精神动力。在不同的高校中，甚至是在同一所学校的不同学院中，不同的课堂上，教师的教学学术、学生的训练方式以及健身体验都会有自己显著的特色，科技文化与人文文化各有侧重。但是对于体育课堂而言，体育教学、学术、训练与健身文化是共同具有的，体育文化与科技文化、人文文化构成校园文化整体。

3. 体育生活娱乐文化

除了工作学习之外，师生会在一些娱乐活动中有一些运动行为，我们把这样的行为称之为体育生活娱乐文化现象。赫勒对日常生活做出了解释，根据他的理解，日常生活是"指同时使社会再生产成为可能的个体再生产要素的集合"。通过平淡的日常生活，人的生命价值得到了确证，并得到了维护下去的可能，人与人之间加强了联系，人由一个个个体变成了社会的一员，并逐步交流交往形成一个大的集体。在这个集体中，每一个人都有传播文化的义务，都有延续文化的职责。在这样的活动中，个体逐步融入集体，并形成整个世界，在此过程中，衍生出对世界的认同感，对生存环境的认同感。在这种认同感的驱使下，个体学会展示自己的积极作用，来取得他人及集体的认可。体育活动作为生活的一个重要组成部分，以其强大的渗透力，作用于人的生活价值观。可以说，作为生活符号的体育，它的主要呈现方式就是身体运动，在这样的过程中积淀着文化。在1978年，《体育运动国际宪章》诞生了，它是由联合国教科文组织颁布的。其中指出，提高生活质量是人类不懈的追求，而体育是重要的手段。作为高校体育生活娱乐文化，它处在学校主流文化的外层，不仅和体育决策管理文化相关，同时和体育教学、学术、训练与健身文化相关，这三者之间的密切关系无需多言。同时，在高校中，体育生活娱乐文化广泛存在着，是最常见的体育活动形式，无论是有组织的还是学生自发的，都可以通过这样的方式达到锻炼身体的目的，不受时间、地点限制，比较自由随意。"校园体育生活娱乐文化、大众文化与艺术文化的相关内容有重合与交叉之处，但又有着自身的特点。"[1]

高校是比较高层次的教育单位，其中云集了许多高级知识分子，同时高校的配置较高，传播媒介比较完备，整体的文化层次较高。高校同时还处在社会文化潮流的前沿，学校比较开放和包容，无论是教师还是学生，他们都能很快地接受新事物，对社会现象、体育现象、思潮、社会风云有一定的思考。作为价值观初步形成的大学生，他们更加关心时事，能够顺应时代，自觉追求真善美。与此同时，高校担负育人的职能，注重培养人才，也注意知识技能的传播，体育工作者以教学、科研、训练与健身为主要的工作方式，这就决定了整个体育部门的运作围绕这些方面来展开。独特的工作方式让高校体育充满活力，同时给师生带来深刻的影响，高校体育也有了学术性。这样的体育文化尊重自然科学、社会科学、人文科学、体育科学、生命科学与生态科学，崇尚科学精神与人文精神的结合，因此校园体育文化的另一个特征就是科学性。

三、高校体育文化特征与构成要素

高校校园体育文化通常立足于一定的基础之上，而这个基础一般以社会政治、经济、教育、文化、体育等条件为主，以高校师生员工为主体，由高校的体育环境和学生的需求相融会形成的。在高校，校园体育文化不仅具有高校校园特色，同时具有健康的生活气氛，无论在层次上，还是在品位上都比较高端，它的功能也较多，如健身功能、消遣娱乐功能以及传播文化的功能，在大学生的文化生活中，体育生活占据着重要的位置，是一项重要的活动，它具有如下七个主要特征。

---

[1] 李晓帆，唐红梅.我国与发达国家体育产业发展的比较 [J]. 中国科技投资，2007（2）.

（一）健身性

高校体育是通过人体运动的方式进行的，因而高校校园体育文化的最本质特点就是健身性。体育基本的目的就是强身健体。无论是课外体育活动还是课内体育活动，都是围绕这个目的进行的。如果分析到具体的课程内容，那么无论是传播运动技术还是讲授健身知识，都是为增强体质服务的，同时促进学生的心理健康成长。因而，无论从哪个方面来讲，高校校园体育文化都具有很强的健身性。校园人通过参加体育文化活动，身体会变得越来越健康，同时，自身的素质也会跟着提高，参与者会变得更加积极主动，遇事独立自主，勇于挑战，在这个过程中，还能培养勇敢顽强的意志品质以及公正的态度、集体协作的精神、开朗活泼的性格，使得个体能够得到健康的全面的发展。

（二）竞争性

可以说，竞争性是体育的灵魂。体育活动中好多都是竞技类的项目，在运动场上这种竞争性体现得更加明显。也正是由于体育的竞争性，使得体育事业的发展越来越好。因为没有竞争就没有超越，就没有创新和发展。正是有了竞争，体育活动才能更加规范和发展。在体育活动中，不仅是身体、技术、经验之间的较量，更是思想、意志、作风以及拼搏精神之间的较量，是一种全面的抗衡和竞争。无论是从哪个方面来讲，都是对参与者严峻的考验，对参加者的素质都有较高的要求。从某种意义上说，竞技体育是人类竞争的典范。适者生存是整个自然界的生存法则，人类的体育活动也需遵循这样的法则，在竞争性的活动中，优胜劣汰，从而使得人类的成长朝着更好的方向发展。高校体育文化活动就是要让师生在竞赛中感受这样的法则，进行体力、智力、心理之间的较量，在公正、准确、平等的基础上展开拼搏，体味在严酷的竞争环境中，不断提升自我适应社会。

（三）互动性

校园体育文化是典型的开放系统，学校会组织一些体育赛事，通过这些活动学生得以与外界交流，因而校园体育文化不仅反映青年的世界，更是整个社会文化的体现。在对社会文化的影响的同时，又不断吸收先进的时尚的文化元素，将社会体育知识、体育科技、体育经济等方面的最新变化折射出来。高校校园体育文化环境是一个整体的环境，是一个较大的环境，是由学校与学校、系与系、学校与社会等一个个体育文化圈组成的，如果没有这些个体，高校校园体育文化就难以形成。这就需要高校教师和学生的共同努力，通过合作交流，加强各个院系以及各个专业之间的联系从而形成文化圈。

（四）教育性

在现代教育中，随处可见终身教育的身影。当然，终身体育是在终身教育的基础上产生的。随着社会的发展，人们对自身素质的关注度越来越高，对于体育也越来越重视，终身体育的理念开始逐渐走向大众的视野。在这样高涨的体育需求中，科学锻炼、终身受益的理念逐步深入人心，社会体育的新潮流正在形成。因此，高校校园体育文化应该重视体育的教育功能，在教学方面重视体育课程，并以终身体育为主线，站在大学生的角度，为大学生终身受益着想，立足现在，着眼未来，将大学生的个体行为纳入终身体育行为，不断将高校体育培养目标重视起来，并扩大其内涵，即注重培养学生的个体行为，同时重视发展学生的体育特长，使学生掌握体育锻炼的知识技能，促使自身的体育能力不断提高。同时转变观念，加强体育运动理念，培养运动习惯，最终促进全民健身活动的普及与提高。另外，学校要使体育活动多样化，不断对体育活动做出示范和鼓励，让学生增加学习和参与热情，在活动中提高自我保护的能力。

（五）娱乐性

现代奥林匹克运动会创始人顾拜旦在他的《体育颂》中这样写道："体育，你就是乐趣，想起你，内心充满欢喜，血液循环加剧，思路更加开阔，条理更加清晰，你使忧伤的人散心解闷，你可使快乐的人生活更加甜蜜。"[1]这段名言道出了体育娱乐性的真谛。现代体育项目众多，在技术性、艺术性方面也有了更高的追求，人们越来越追求体育的艺术美，它成为现代人闲暇生活的重要组成部分，为不断丰富社会文化生活，为人们精神生活增加色彩。同时，现代体育运动强调人的健康、美丽和力量，强调三者的高度和谐统一。因而，人们在观赏体育运动时更像是在享受一场视觉盛宴，不断增强美的享受。另一方面，人们通过参加体育活动在完成各种复杂练习、征服自然和人类自身设置的障碍后，得到一种美妙的快感，在这个过程中，人的自尊心、自信心得到提升，自豪感得到满足。

四、高校体育文化的现状及意义

人类在进步，世界在发展，社会在变化。在这样发展多变的社会中，对人才的要求也越来越高。培养全面发展的复合型人才已成为高等学校教

---

[1] 皮埃尔·德·顾拜旦.体育颂[J].体育与科学，1988（4）:1.

育发展的方向。作为全面发展的人才，其中一项重要的衡量指标就是其体育素质的高低。

（一）现代大学生体育文化素养的现状分析

1.体育知识贫乏，体育技能缺乏，体育行为被动

如何衡量大学生体育文化素养，是具有一定的衡量指标的，其中有三个比较重要，那就是：体育知识、体育技能和体育行为。在一项访谈调查中发现，一些所学专业不是体育专业的大学生的体育素养更糟糕。通常他们缺乏一定的体育知识，同时体育技能也比较缺乏，而且不会去主动进行体育运动。在体育运动急救知识这一块更是比较欠缺。

2.体育意识不强，体育个性不强，体育意志薄弱

随着《全民健身计划纲要》的实施，国家对社会体育和学校体育的高度重视，相对于以前而言，人们的体育锻炼意识也逐步增强，在校园内也能看到如火如荼开展着的体育文化活动。但总的来说，期望总是高于实际的，很多大学生依然没有主动参与体育活动的意识，更别说形成终身体育意识了，加上一些大学生自身意志薄弱，难以坚持下去，锻炼身体成为了一句空口号。现在分析造成这种状况的原因：

第一，受传统的应试教育体制的影响，由于传统的应试教育中，体育边缘化得不到相应的重视，这就导致学生没有相关的意识，也忽略体育的功能。

第二，受周围环境的影响。在大学生求职中，许多用人单位对人才素质的要求不包括体育素养，更重视其他学科的成就，这迫使学生不得不专注于学习而无暇顾及其他。

第三，受锻炼条件的限制。例如体育设施、场地或者教师的导向意识，这些都会影响学生的体育锻炼实践。

（二）培养大学生体育文化素养的途径

1.借助课堂教学平台，刺激隐性因素发挥作用

经过调查发现，很多学生没有养成良好的体育个性，这对学生学习体育知识是十分不利的。因而，如何围绕学生进行体育教育、刺激隐性因素发挥作用、培养大学生的体育兴趣是高校体育教学改革的关键。俗话说"兴趣是最好的老师"，也就是说，学生一旦产生了兴趣，那么就会主动去学，主动去参与体育活动，主动去锻炼并养成体育意识，学生的体育个性就不愁养成，有了这个基础，体育道德品质也更容易形成。在课堂教学中，教

师应该逐渐采用多样化的教学方式，摒弃陈旧的不适合的教学模式，变单一的教学模式为多样的教学模式，建立教学新体系就要围绕学生进行，培养学生的兴趣，并最终让学生建立终身体育意识。

在当前，许多高校体育课依然比较古板，如大一开展身体素质教育课、大二开展自主选修体育课，这种固定的模式让学生很苦恼。例如，大一学生有着浓厚的体育学习热情，却因为学校开展的体育课单一而使兴趣减半，当进入大二时，原本对体育的热情因为漫长而枯燥的跑跳训练而消散殆尽，即使大二体育课可以自主选择，学生也提不起兴趣。长此以往，学生对体育课越来越冷淡，学生的终身体育意识也难以养成。通过长期的课堂实践发现，在公共体育课上有相应的体育锻炼，但是由于课堂时间短，加上学生不感兴趣，很难提高身体素质，或者是课堂教学的成果不明显，而学生自身体质的改善，正是在平时的体育锻炼过程中不知不觉中增强的。总之，教师任重道远，如何培养学生的兴趣是关键，只有这样才能让学生主动参与，提高体育文化素养。

2. 营造良好的校园体育文化氛围，潜移默化地接受体育知识与技能

大学生的体育知识和技能，主要来源于两个方面，一是教师，二是自身。教师方面主要就是课堂教学，自身方面主要就是自觉关注体育知识和技能。因而，学校应该创造条件，在教师方面，教师给出正确的引导；在自身方面，开展丰富多彩的课外体育活动，为校园体育文化营造良好的氛围，让学生受到熏陶，更加自觉选择体育活动，从而提高自己的体育知识和技能。可以开展多姿多彩的体育活动，尤其是课外体育活动，如课外体育俱乐部、体育运动协会、体育专题知识讲座等，让学生有更多的选择，选择适合自己的体育运动。这样久而久之，不仅提高了参加体育活动的兴趣，同时增加了相关的体育知识。体育文化素养是人的基本素质的重要组成部分，当代中国正处于社会转型期，每个行业工作压力都比较大，在这样的大环境下，培养并提高大学生的体育素养显得极为重要，高校要将其列为重要的教学目标。而高校的教学改革也随之急需解决，教师一定要转变传统的以"教—学"为主的教学理念，多渠道地丰富学生的体育文化知识，同时借助社会体育的力量，让学生树立体育意识，从内到外提高自己的体育文化素养。

（三）高校践行体育文化的意义

在高校，校园体育文化与高校师生密切相关。它是一种特殊的文化现

象，与其他文化共同组成了高校校园文化。发展高校体育文化，有以下几个重要意义。

1. 丰富校园教师的体育文化生活

毋庸置疑，高校教学中，教师的地位十分重要，基本主导着教学的开展。然而现代高校中重视学生的成长忽略了教师的成长，各种压力使得教师苦不堪言。因而，关注教师的身心健康十分重要。其中，体育运动不仅可以锻炼教师的身体，还可以使得教师有一个健康的心理。"要有针对性地给予高校教师开展体育运动、参与校园体育文化合理的建议，这对于促进高校教师身心健康的发展具有重要的意义"[1]。

2. 高校体育文化对大学生心理健康的积极影响

高校体育文化会从两个方面影响着大学生心理健康。第一，通过身心健康的交互作用实现。身体锻炼是体育文化的重要内容，早在 1983 年，心理学家凯恩就对 1750 名心理医生进行了调查，其中 80% 的人认为身体锻炼是治疗抑郁症的有效手段，60% 的人认为应将身体锻炼作为一个治疗手段来消除焦虑症。第二，通过熏陶和潜移默化实现心理影响。通常表现在一些体育竞技活动中，在这个过程中培养强大的心理品质，克服人格缺陷，使得自我不断完善。

（1）高校体育文化有助于缓解大学生的人际关系敏感

高校体育教学、课余体育活动、体育竞赛、体育协会组织、对外体育交流是高校体育文化的重要组织形式。在参与这些体育活动和体育组织时，大学生既要发挥主观能动性，发挥自身的特长，同时也要注重参与到集体中来，与其他成员共同完成既定的目标和任务。这同时是一个与人接触的过程，各项活动如果想正常开展，那么必须处理好与他人的关系。尤其是在一些体育赛事中，这种协调合作的关系表现得就更加明显，队员之间有合适的沟通和交流，才能使得各项活动正常开展。同时，在相互交流的过程中每个队员都能成长，如在遇到困难时会得到其他队员的鼓励，表现出色时会得到其他队员的认可，久而久之，不良情绪得到了很好的宣泄，并且能够正确处理自己的不良情绪，不仅做到相互理解和相互支持，还使自身得到了进步。这样，在参与运动过程中，大学生逐步形成自信、自强、宽容、大度、尊重他人、不畏困难、敢于拼搏、遵守规则等心理品质和行

---

[1]　范旭东 . 开展运动健康促进教育介入实证研究的可行性考量 [J]. 体育成人教育学刊，2013（5）.

为习惯。

（2）高校体育文化有助于大学生准确评价自我，增强自我接纳和自我认同感

大学生应该定期进行自我反省，对自己的能力和性格做出评价，不仅了解自身的长处，同时能正视自己的不足，扬长避短，对自身的价值有清晰的认识。通过体育锻炼，学生能更加清晰地认识自己，进而对自己的身体、思想和情感整体做出正确的评价。首先，通过体育锻炼，人的身体素质能够得到改善，人的身体自尊也能得到相应的改善。好多学生存在身体表象障碍，特别是在女生群体中，大学女生逐渐意识到自己的身材问题，进而会对自己的身高体重进行重新审视。一些身体肥胖的女生会因为身材苦恼不断，进而演化成自尊问题。身体自尊主要包括一个人对自己运动能力的评价，对自己身体外貌（吸引力）的评价以及对自己身体的抵抗力和健康状况的评价。无论是男生还是女生，如果关注到自身，对自己身体表象不满意，这就会使个体自尊变低，时间久了可能会产生不安全感和抑郁症状。在一些研究中表明，如果身体锻炼较好，那么就有助于保持身体自尊以及情绪稳定性，同时还能养成外向性格，并不断提高自信心。在这个过程中，个体的自我概念也会增强。其次，在心理学研究中，人格的形成及其发展与人的活动密不可分。体育锻炼中，大学生是主体，通过一系列的体育活动，人的思维会变得活跃起来，机体活动也活跃起来，这样就会促使人格的完善。

（3）高校体育文化有助于大学生良好意志品质和个性心理的形成

意志品质是指一个人的自觉性、果断性、坚韧性和自制力以及勇敢顽强和独立主动的精神，是一个人行为特点的稳定因素的总和。由于体育锻炼受到一些因素的影响，因而在体育锻炼的过程中，需要克服许多的困难。如恶劣的气候条件、难度较高的动作或者是外部障碍等，对于自身而言，还要克服胆怯、疲劳及运动损伤等主观因素造成的困难。一方面要克服困难，另一方面还要遵守竞赛规则，不断调整自己的行为。并在困难中不断发掘自己的潜能。另外，通过体育文化活动表达团结、友谊、和平、进步等人类先进的思想和愿望，在竞赛中体会公正公平，锻炼自己的品行，形成正确的人生观、价值观。总之，体育文化崇尚"更高、更快、更强"的奥林匹克精神，以"公开、公平、公正"为基本原则，通过高校体育文化培养和塑造大学生良好的个性心理具有显著的效果。

（4）高校体育文化有助于缓解大学生抑郁、焦虑、敌对、胆怯、强迫等心理症状

　　高校体育文化对心理健康有深刻的影响，而其衡量指标就是学生对情绪状态的调控能力。也就是说，心理越健康的大学生，越善于调控自己的情绪。而在高校体育文化中，通过体育锻炼来达成对情绪的调控。通过体育锻炼，一些消极的不健康的情绪得以转化或者消散。个体也会从不良情绪中摆脱出来。体育锻炼之所以能够调节情绪，是因为参与者能体验到运动带来的愉快感觉。参加体育锻炼，可以使人从运动中释放压力，也可以从中释放不良情绪，使人从中得到乐趣，振奋精神。国内的研究资料表明，一些跑步运动可以使人的紧张情绪得到缓解；一些集体项目的开展可以使人在运动中协调合作，通过良好的协作精神和团队意识来抑制焦虑；通过一些健美操、有氧韵律操等运动可以减缓焦虑。

3. 促进高校校园文化的建设及发展

　　高校校园体育文化的主体是人，主要的群体就是学生和教师，其主要的内容就是各种文化体育活动，主要的活动空间就是校园，而校园精神则是其主要特征。它主要包括："以青年学生为代表的文化观念以及由此所规范的学生特有的思维特征、行为特征和方式"；在课余时间开展的一些群体活动，如一些社团活动。在这些活动中，校园风气或校园精神是校园文化的灵魂。而在实现育人目的的工作中，校园文化建设是重要的环节，无论是在促进教育管理方面，还是树立健康的教育思想方面，或是在创新教育方法方面，校园文化无疑都起着举足轻重的作用。除此之外，它对学生的影响也意义深远，为学生树立正确的政治指引方向，提高思想道德素质，开发学生智力，促进学生全面发展，学会处理人际关系，促进学生全面成才。

　　就目前情况看来，在国外，高校体育文化建设得比较好。这与国外的重视程度有很大的关系，加上时间的积淀，所以其体育文化建设比较完善。就拿邻国日本而言，高校体育文化建设就比我国完善。二战后，日本经过了三次课程改革，特别是进入 20 世纪 90 年代，更加重视体育的改革，一些体育理念深入人心，如"快乐体育""生涯体育"备受推崇，高校体育俱乐部也随着蓬勃发展，随之带来的就是高校体育文化建设的进步。直到现在，无论是各大高校体育课程精神、课程原则，还是体育表彰制度（甚至设立了体育奖学金制度）方面，日本都先于我国，充分展现了日本高校对体育的重视。

　　除了日本之外，另一个对体育非常重视的国家是德国，无论是在社会上，还是在高校中，德国人都非常重视体育的发展。德国人认为体育活动是愉快、乐趣的同义词。这就使得公众参与体育活动的热情十分高涨，参与体育活动也十分普遍，可以说，每三个德国人中就有一个是体育俱乐部成员，这样全民热爱体育的氛围下，高校自然而然也十分重视体育的发展。在德国高校，几乎每个大学生都加入了体育俱乐部。高校体育与体育俱乐部如此密切的关系让高校体育十分有特色。德国大学生生活中一项必需品就是体育，无论是在娱乐中，还是在健美中，抑或是在消费中都少不了体育的身影，体育不仅意味着是竞争，更意味着是对个性的完善的必需品，德国人普遍认为在体育锻炼中可以实现自己的价值，增强自己的人际交往能力，增强体质，预防身体以及心理疾病。在我国，高校可以借鉴外国高校校园体育发展的先进经验，取其精华、去其糟粕，促进高校校园文化的建设及发展。

第三节　高校校园体育文化的发展

当代高校校园数量蓬勃发展，高校的文化事业欣欣向荣，这是由于在20世纪，大学生的数量急剧增多。在全球一体化进程中，全球一体化、教育信息化、产业化进程逐渐加快，高校文化事业发展也逐渐呈现多元化。但由于地域文化的差异性，校园文化多种形式、多种内容相互存在，往往很难系统地管理，这样造就出不同层次、不同方向的校园文化，这样多层次多方向的校园文化，很难建设高校校园文化的认同感和归属感，这样无疑给高校的校园文化建设工作带来了很大挑战，对校园文化的深入建设和发展形成了无形中的障碍。在高校中，校园文化呈现多样性和复杂性，也具有包容性和广泛性，认识校园文化的内在联系和发展趋势是建立良好的高校文化的基础。

一、我国高校校园体育文化存在的主要问题与对策研究

在社会主义发展新阶段，素质教育是当代教育的主题，我国高校也朝着这个方向进行努力。在日常教学中，师生配合，通力协作。基本上改变了传统的"单向性"教育模式，摆脱了传统教育方法在思想上带来的约束。在高校学生身体素质和文化修养方面，教师采用科学的教育方法，极大地提高了教学的科学性和合理性，在体育教学过程中，渗透多种学科教育方法和知识，使得学生在心理上、身体上收益颇丰，可以更好地促进当代大学师生的身心健康全面发展。

（一）我国高校体育专业发展中存在的问题

在过去，体育教育学科起步较晚，得不到足够的重视，造成了高校体育学科师资力量匮乏，教学内容不合理，缺失规范教育方法和教育思想，更有甚者是缺乏体育课程的讲解和指导。体育课程形成了一种形式主义，既消耗了学生对于体育运动的热情，也错过了高校对体育教育文化的培养。随着我国教育事业的蓬勃发展，体育专业迎来了全新时刻，高校开设体育教育专业，学生学习人数大幅增多，但是学校的教育模式、师资力量，始终存在一系列问题。

1. 扩大招生和生源质量存在着矛盾

高校体育专业招生的人数在增加，但是不加限制的增加，形成了学生间无形的竞争，个别学生通过体育特长进入体育专业学习，而其文化课程成绩相对较差，体育专业成为大学入学的低门槛、好通道，这样导致的体育专业高校学生生源质量降低，学生在进入高校后，学习欲望降低，大幅影响了高校教育的发展。因此，高校对于生源的招生工作直接影响着高校专业的未来走向，高校相关招生人员一定要严把质量关，不可为了短暂的经济效益，影响未来的发展。

2. 迅速扩招引起的就业困难的问题

在我国，体育专业的就业前景一直饱受争议，越来越多的体育专业人才具有年轻化、专业化的特点。我国高等院校的毕业生通常走进高校的体育教育事业、中小学校园从事体育教育工作以及社会机构从事训练指导。随着我国社会经济的高速发展，体育专业人才的缺口急剧扩大，使得高等学校的体育专业招生人数增加，社会上体育专业就业市场对体育专业人数接近饱和，而高校依旧提高体育专业的招生人数，导致社会上出现了供过于求的景象。企业无法吸纳大量的体育专业人才，加大了体育专业的就业难度。根据调查研究发展，体育专业的毕业生就业难度升高，而就业薪资较低，无法满足毕业生的薪资期望。反过来，一些偏远基层岗位急剧缺乏体育专业人才，而毕业生由于其地理位置和薪资结构的原因对此类岗位热情较低。[1]

3. 课程层次类型不合理

在当代，我国高校体育专业课程结构涉及多个领域、多个方向，不同

---

[1] 黄文仁. 全球化背景下我国体育文化发展问题的理论思考 [J]. 北京体育大学学报，2005（7）.

方向有较大差异。例如，在高校体育课程中，学校将课程分为选修和必修两种类型，学生可以根据自己爱好和需要选择课程。但是在体育专业中，学校又设计出基础课程、专业课程等门类，让学生在课程选择以及教师的教学过程中，难以对整体教学环节进行把控，很难突出重点和不同之处。高校不合理的课程层次设计，让高校体育事业和学生体育发展受到一定限制，在今后发展中，高校课程需要有清晰明了的分类。

（二）高校体育教学中体育文化的传承

1. 全面提高大学生的体育文化素养

大学生的学习、游戏的时间不断增加，网络已经成为生活中的一部分，甚至超过体育运动本身，学生受到网络影响越来越深。网络文化影响着高校学生思维方式的多元化，体育文化建设的主体地位受到了威胁。网络文化已经严重影响到高校学生的体育锻炼时间，高校教师和管理者需要改变传统的教育方式，全面提高大学生体育文化素养。

第一，高校教师要不断提高自身的能力，与时俱进，利用信息网络技术，传播先进的体育文化。

第二，学校管理者要坚定自己的政治信念和共产主义理想信念。以学生的全面发展为目标，提升高校体育文化建设能力。

第三，学校的管理者要熟练应用电脑以及与教育相关的软件。只有这样，才能满足学校体育文化发展的方向。

文化是人类特有的创造性产物，传承文化是过去文化的沉淀。当代大学生主要学习的是历史的文化的沉淀。在高校体育文化建设过程中，既要保留传统文化的精粹，又要改善传统文化的不足与缺陷，传承和发扬优秀的体育文化。高校体育文化建设要结合时代特点，结合古典的优秀文化，创新性地提出符合当代大学生价值观、身心发育特点的文化理念。全面提高体育文化和道德修养，实现文化的传承和保障。

2. 加强校园体育文化环境建设

大学是高学历、高能力知识群体的密集场所，高校体育文化建设对于高校体育发展是十分必要的，并且教育难度相对较低，教育成本可控。学校通过校园文化广场、运动场地、运动器材附近等区域设置明显的宣传海报。学校内部运动场地丰富，健身器材多种多样，可利用的空间较多。高校体育文化的建设，可以借鉴当代科技发展技术，通过二维码、AR、VR等技术，向学生展示运动器材的使用方法以及技术要领，增加学生的好奇心和探知欲。

3. 在体育教育模式中传承体育文化

（1）改革课外体育活动

课外体育活动是课堂教育的补充，是课堂教育思想和锻炼方法的实践，学校应该重视课外活动的实际意义和表现形式。首先，高校体育活动是依靠专业性的指导，进行科学体育锻炼。既要保证学生的课堂理论得到实践的验证，也需要教师在课外活动实践中对学生加以指导。其次，课外活动的组织形式要多种多样，满足学生的兴趣和爱好，可以通过班级形式、社团形式等，结合学校硬件资源、师资条件举办竞赛活动，满足学生身心发展特点。

（2）改革课堂体育教学

在传统体育教学方法中，体育课堂和传统学科课堂一样，教师在讲台上讲授理论知识，而学生在下面记笔记。教学气氛古板、教学形式单一、师生的角色是教与学的关系。学生的学习热情低，学习效率低下，学习成绩较低，教师授课难度加大，长此以往，形成恶性循环。

而在现在的教学理念中，教师和学生是平等的，两者从过去的教与学变成欢乐、和谐的教学氛围，教师通过改变教学环境，从室内走向室外，从讲台上走到讲台下，教师从过去的单一讲课方式变成多种讲课方式的结合，通过自身亲自示范和专业指导，极大增加了学生对体育课程的喜欢程度。此外，传统的教学方式是采用传统方法，而现在采用现代科技手段，通过电脑、投影仪等多媒体设备，融入最新的数字技术，可以更加传神地讲解体育基础知识。

4. 举办体育文化艺术节，有效传播体育价值观念

体育学科是实践性较强的学科，其内容多以运动和体育健康为主要目的。艺术是运动的一种表现形式，通过运动可以展示体育本身与艺术领域的共同点。而体育文化艺术节是很好的形式，将体育文化与艺术文化交融，更大程度上促进学生间的创造性和参与性。体育文化艺术节，不仅仅是一种为了丰富校园文化生活的一种方式，更加是传播体育文化、丰富艺术表现形式、感受学科的精神的一种途径。

我国高校每年都会根据学校安排，组织班级、院级、校级等艺术文化节。高校群体是学生密集型场所，有大量的学生可以利用日常空余时间参与学校举办的各种活动。学生通过校园文化艺术节这个独特的平台可以展示自身的才华和优点，增强学生沟通表达和组织能力，传播体育艺术交织理念。因此，校园文化艺术节是一个机会，不仅丰富了学生日常课余生活，而且是宣扬高校文化建设、校师生校园共建的良好契机。

5.成立相应的体育俱乐部，并加大宣传力度

体育俱乐部组织的初衷是相同体育爱好的群体通过职业或者业余等形式自发组织训练或者比赛的团体。成立比赛俱乐部可以是使得体育运动趋向专业化、职业化、群体性的最小单元。队员之间相互监督、相互探讨、相互学习、共同训练，极大地增加了体育运动的积极性和专业性。此外，俱乐部还通过相互进行竞赛等形式，组织开办友谊赛、小组赛，促进了体育运动在基层的传播，增强了相关运动的影响。

在成立俱乐部时候，需要以相互尊重为前提，避免群体性事件的发生。此外，俱乐部需要增强自身的专业性，通过科学指导队员，实现专业技能和运动水平的提升。俱乐部运动员要发挥模范带头作用，将高校的体育文化建设在俱乐部、班级、学校内部传播。利用课余时间，制作宣传海报、宣传视频、校园媒体等工具，增强学生对体育运动的了解和爱好，这样可以充分调动学生的积极性。

6.对教学管理理念不断进行优化和改进，并不断地创新教材体系

当前，个别高校在体育文化建设过程中，需要采用科学有效的方法，充分调动学生的积极性，采取以学生为主导的措施，保障高校体育文化建设的高效性、合理性、科学性。好的教学管理方法可以事半功倍，不好的教学管理方法也可以事倍功半。教学管理是一项系统的工程，需要结合高校体育建设规范化、法制化的制度来完成，进而对高校内开展的体育文化活动进行合理的限制。尽管，我们开展大量的体育建设活动，但是往往有些活动学生参与度低，学校开销增大，也没达到理想的效果。主要原因是高校开展的教学理念和教学活动脱离学生群体，教育管理理念凌驾于学生兴趣、爱好之上，学生往往对此类活动参与感和认同感较低。高校应该改进教育理念，使之与学生的生长发育和学校课程设置相匹配，在不同阶段，学生可以学习到不同的体育课程，在刚进入学校，最先接触的是基础球类活动，并对此有浓厚的参与欲望。

随着高校课程改革的深入，传统的教学理念和教学管理思想均受到不同程度的影响，在体育课堂中，能够满足学生发展的教育思想和教育理念才符合当代学生的期望，才能让学生更好、更快地学习体育基础内容。

二、奥林匹克精神文化对我国校园体育文化发展的影响

（一）奥林匹克运动精神

在人类发展的进程中，人类的运动技能的培养可以追溯到人类打猎、采集果类的时代，在那个时代，人类的食物无法满足自身发展的需要，需要强大的运动技能和运动天赋从自然界中获取。在食物获取的过程中，人类已经掌握基本的运动技能如长跑、短跑、跳高等，随着时间的推移，人类开始通过体育技能进行竞技项目比赛，体育竞技运动可以说是伴随着人类历史的发展进行延续，伴随着人类的繁衍进行改进。在1894年，古希腊的奥林匹克圣火开始点燃，人类的体育竞技进入全新时代，奥林匹克精神是"公平竞争、相互理解、友谊团结"。这简短的12个字透露出奥林匹克运动的真谛，是为了竞争存在，而在竞争中要彼此尊重，相互理解，相互包容，这样的目的是为了人类更加团结，友谊长存。这样的奥林匹克精神在现在也产生着不可估量的作用，这是体育运动事业一项伟大的壮举。

在2000年公布的《奥林匹克宪章》中阐明道：奥林匹克的竞技运动的目的是公平竞技，仅仅是为了人类更加团结，相互理解举办的运动赛事。在地球中，各个地方的人种不同，肤色不同，宗教信仰不同以及思维方式和生活习惯都不同。但是在奥林匹克运动会中，运动员将所有的分歧与不同放下，按照统一的规则进行比赛。赛场上，没有偏见，没有歧视，没有傲慢，没有战争，没有贫富，用博爱的胸怀进行比赛，所有的运动员都是平等的。

奥林匹克精神是人类发展的一种动力，它推动着世界和平的进程，劝导人们放下争执，和平共处。奥林匹克运动会为推动人类体育事业的发展起到了极大作用，体育竞技不仅仅是一种比赛，更是一场沟通盛会，将人类的发展与人类的友谊和团结凝结在一起的盛会。它的本质内容是"向着更加美好的世界出发"，这是奥林匹克精神的诉求，也是人类共同努力发展的方向。纵观人类社会的发展和进步，体育事业一直伴随着人类发展而发展，进而影响着一个个国家，一个个民族。

（二）奥林匹克运动对中国现代体育的影响

奥林匹克运动会是世界性的国家级运动会，各个国家挑选出出色的运动员进行比赛，这些运动员不仅仅代表国家体育发展的水平，更加代表这个国家的综合素质。奥林匹克运动会不仅仅是各国体育竞争的盛会，也是各国相互交流、相互切磋体育水平的机会。不同国家、不同民族教育方法均有区别。奥林匹克运动会提供选手间相互竞技比拼的舞台，也提供了各个国家教育方式比赛的场地。中国现代化的教育是开放的，是包容的，是海纳百川的。

世界互联网的发展，极大地满足了各个国家人民沟通的需要，也丰富了各国体育事业的探讨，从美国职业篮球联赛到澳大利亚网球公开赛，每一场赛事都是一次体育竞技、文化交流、教育切磋。中国的教育可以追溯到孔子时期，具有丰富的教育理论和教育方法。我国的教育之所以能够传承多年，主要是因为它具有灵活性。中国的传统文化具有丰厚的底蕴和内涵，具有经过多次验证的正确性，具有很强的实践性。中国传统体育运动分为两类：一种是竞技类运动；另一种是强身健体类。团体竞技类包含足球等多人协作、多人竞技的体育项目，而强身健体类如太极拳、武术等是为了给予体育运动者强健的身心。中华民族是追求和平的民族，是尊重万事万物发展规律的民族。

"天人合一""道法自然"是中华民族对于体育运动的思想表述，是追求一种顺其自然的方法。中华民族珍视和平、平等待人的思想由来已久，在中国的体育发展历史中可以看到。中国的体育不是为了达到相互竞争的目的，它的主要目的是强身健体，修身养性，为了是延年益寿。而泰国的拳击、英国的击剑都是带着浓厚竞争色彩，具有强烈目的性和攻击性的体育运动，稍有不慎可能对运动员身心造成不可逆转的损害。随着中国经济的高速发展，中国的体育文化开始向世界传播，文化的相互渗透、相互交融变得密集，中国传统的文化得到进一步的发展，它所推崇的理念被世界所认可，中国的棋类、射箭类以及太极拳等相关体育运动，被世界各国青睐，各个国家和地区都自行组织了相关的竞赛活动。中国的武术源远流长，在武术领域中，若没有科学专业的指导，大多数人只可以探究其形，而无法深入其内心，因此由于我国国土面积大，武术流派分支众多，不同地区都有相应的传承和改进，这是由武术本身的地域性和民族性特性决定的。

（三）中国当代体育与奥林匹克运动

新中国成立以来，国家非常重视中国体育的发展和与世界体育的交流，中国体育运动开始与世界接轨，不同种类、不同规模、不同地区的体育运动开始兴起，群体体育运动的参与性，体育运动的专业性都急剧提高，使得中国体育事业得到全面的发展。奥林匹克精神、国家体育发展、学校体育教育三种方面使体育运动进入大众视野。奥林匹克精神给人民带来了体育的精神食粮，通过体育运动，可以改善人际交往，增强人际关系。奥林匹克精神鼓舞着世界的和平发展，推动着体育文化的进步。国家开始大力发展体育文化事业，从基层组织举办竞赛，到专业的俱乐部，再到国内的联赛，是国家对体育文化事业的大力推动。体育运动场所的兴建、体育设施的普及，让体育运动变成生活的一部分，让更多人有机会了解体育运动。

2001 年 7 月 13 日，这是中国人最激动，最紧张的一天。在这天，中国赢得了 2008 年奥林匹克运动会的举办权，北京在 2008 年首次举办奥林匹克运动会这样大型的国际运动会，这是中国被世界认可的表现，是中国体育事业得到发展的见证，北京，第一次向世界人民发出邀请函，向世界体育事业证明中国的强大。

2008 年 8 月 8 日，全球运动员齐聚北京，这天的北京受到世界的关注，这一天北京向世界证明中国的强大，北京运动会开幕式融合了科技、教育、文化领域的尖端技术，在高悬的五环旗下，中华儿女向世界证明我们做到了，也做好了！北京得到了世界的认可，得到了奥林匹克的认可。"更高、更快、更强"不仅仅是一句口号，而且代表中国人民奋斗的方向，代表着中华人民自强不息，代表着中华文化源远流长。这一次，中国向世界证明了我国先进文化的发展，我国体育事业的繁荣向上，向世界展示了中华民族的优良传统。

（四）高校开展奥林匹克文化教育的意义

1. 促进大学生爱国主义精神的形成

大学生以往的竞赛对手来自不同班级、不同年级、不同专业、不同市区、不同省份，而奥林匹克运动会的竞技是国家级别的体育竞赛事业，竞争对手是不同的国家。运动员不仅仅代表着个人，而是代表一个国家，这让爱国热情油然而生，赛场上五星红旗迎风飘扬，观众呐喊助威，大学生观看运动会比赛实况转播，不仅可以领略运动员娴熟的运动技法，也可以感受运动员赛场上为国家而战的努力拼搏场景，这是增强大学生爱国主义热情的良好机会。[1]

2. 促进大学生人文素质的提高

在奥运会期间，各个学校有大量的志愿者为奥运会服务并看到了很多感人的故事，也感受到很多令人自豪的事情，大学生在社会中交流锻炼，和外国友人进行交流、沟通、学习对大学生的社会见闻和人文素养的提升有较大好处。

大学生的发展不仅仅是在学校内，更多的是在社会中，在与人交流沟通中，通过相互的探讨，才能有实际的能力提升。在当代物质条件充裕的情况下，人际关系显得尤为重要，人文奥运的理念不仅仅是在奥运会时期展现，而且在平时的运动中、在人际沟通中，也可以提升人文素养。

---

[1] 郭超，陆艳婕. 中国运动员对外交流意义浅释 [J]. 现代企业教育，2007（6）.

3. 促进大学生树立正确的价值观

公平竞赛是奥林匹克的精神，让运动中没有歧视、没有偏见是奥运会的核心思想，体现了人类对公平的渴望。奥林匹克精神不仅仅宣扬的是运动精神，更是当今人与人、国与国相互沟通的精神。在社会高速发展的进程中，每个人都渴望被尊重，被公平对待，作为当代大学生，要保持和树立正确的价值观，保持和维护尊严，以公平的视角看待遇到的事情和人。

4. 增强大学生身心健康

奥林匹克运动会不仅可以展现运动员专业水平的竞技，而且也对大学生运动方面进行实际指导。对于大学生，不但需要通过训练保持高质量的自律性，每天按需完成既定体育运动任务，同时也需要保持心理的健康。在大学生特殊群体中，面临的压力较大，容易对心理造成负担，大学生往往忽略自己的心理健康。当代大学生，需要通过对自己生活的合理规划，平衡学习、运动、健康三者之间的关系，保障大学生健康的发展是当前主要的问题。

5. 培养大学生团结合作的交际习惯

作为新时代的大学生，大学生这一群体已经被贴上一系列标签，"独生子女""乐于享受""崇尚自由""缺乏担当"等等一系列充满敌意的标志性名词，这些主观性的词语往往对当代学生造成较大的影响，是未经调查、不负责任的结论。

大学生，是一代年轻的群体，通常是处于18周岁到22周岁的青年学生，他们思想前卫、善于接受新鲜事物、崇尚自由、不被约束的性格，导致了他们不团结、不愿合作的性格。大学生处于叛逆期，不希望被控制、不喜欢被各种条条框框的规矩约束。针对大学生的这一特点，需要从他们自身的角度的出发，了解他们的思维方式，只有带着他们的问题出发，才能找到问题的答案。

体育竞技运动多需要团队内部成员相互配合、相互协作，让大学生积极投身于体育运动。在体育运动过程中，队员之间相互沟通，交流战术和交流心得。通过体育运动可以给当代大学生提供一个交流的平台，增强大学生的社会适应能力和语言表达能力。奥林匹克运动会是体育竞技运动的最高级别盛会，不仅给当代大学生体育技能上的展示，也给了大学生精神方面的启发，体育运动不仅仅是在校园，而且是在生活中的每一个地方，体育带来的不仅仅是体质上的改变，更多的影响在于心理层面。

（五）高校体育中开展奥林匹克文化教育的途径

1.开设奥林匹克文化课为公共必修课

在每个大学都开设了公共必修课,而体育课程则是其中的一类,高校体育课程教育仅仅依靠单个专业教师进行展示,教师仅可以通过动作上的示范,而没有实践竞技中的对抗比赛。学生无法在实际竞技中感受到体育运动的魅力,奥林匹克运动会可以通过组织全球顶尖运动员进行展示,包含体育文化、体育竞争多个方面。大学生可以在奥运会中看到日常体育基础课程在实际比赛中的运用,这体现了奥运会对于大学生的体育魅力和奥运文化吸引力。

2.开展奥林匹克教育活动,丰富学生业余文化生活

在高校体育教育过程中,可以借鉴奥运会的相关模式,如"举办方法""项目设置""赛制设计"等方面,运用到高校内部开展运动会的筹备过程中。高校教师需要加强体育相关知识的积累与学习,进而开设奥运主题相关的竞赛,如"知识问答""体育知识竞赛"等文化校园建设内容,以此吸引大学生的参与,丰富学生的课余文化生活。高校的体育文化建设以"奥运"为主题,让学生主导活动的设计与执行,感受奥运精神与奥运文化。

3.营造奥林匹克气氛,推动校园文化建设

大学阶段是多数大学生的最后教育阶段,也是绝大部分最终接受系统性学习的机会。高校的校园文化建设必然给大学生带来终生的影响。因此,良好的校园文化氛围对学生身心发展影响深远。在校园中,开展奥林匹克文化渗透和学习、传播活动,形成"奥林匹克文化"校园,对于学生深刻理解其文化内涵和精神实质具有渐进的影响。奥运精神不仅仅是一种体育精神,其内涵也包含了社会生活等多方面的阐释。

奥林匹克代表的不仅仅是一场运动会,一场盛会,更重要的是代表一种潮流,一种文化,一种人类发展的目标和归宿。在2008年奥运会开幕式,中国完美地展示了优秀的传统文化,缶是中国传统的乐器,通过击缶展示奥运开幕倒计时,也欢迎着来自五湖四海的宾朋。此外,还展示出中国古老文化的象征——四大发明,四大发明不仅仅对中国产生重大影响,更加对世界文明的进步具有深远意义。奥林匹克文化、精神、运动所代表的是一种全人类认可的优秀文化,这种文化渗透到高校教育过程中,促进大学生的身心教育发展,进而使青年群体朝着奥林匹克精神方向努力。奥林匹克运动是人类认可的文化,为世界和平和文化传播贡献出伟大力量。

三、美国大学体育文化现状及启示

大学体育课程的教育和设置，不仅可以为学生群体提供健康体魄的保障，还可以促进人类体育发展的进步。多年来，美国体育发展在世界遥遥领先，这是由于美国注重基础体育锻炼及日常体育技能的学习成果，我国需要学习体育教学经验，取长补短，学习其独特的方法，加快大学体育教育发展。

（一）美国大学体育的现状

近年来，随着美国大学体育的专业化、系统化越来越完善，我国学者对其进行了大量研究。通过研究发现，美国体育的教育主要有两种类型：一是竞技性体育，即校级体育比赛，另一种是娱乐性体育教学，由个人与集体锻炼、体育教学等内容组成。根据授课类型，美国高校将体育教学也分为两类：选修课程和必修课程，美国体育教学内容多以娱乐性教学为主，健身性的内容较多。而国内体育教学则是竞技性的课程。

1. 大学体育的课程计划性强

美国大学的基础硬件建设良好，大学体育课程种类繁多，如游泳、排球、篮球、棒球等应有尽用。体育教学的具有很强的计划性和目的性，大学生组织通过学生的调研和采访，确定了教学内容，并编纂了相应的教材。

2. 健全的组织领导机构

美国举办体育竞赛历史较长，竞赛组织经验较为丰富，其中最为著名的是美国职业篮球赛，简称 NBA。它最早开始成立于 1946 年，经过多年的发展成为世界瞩目的赛事。目前，美国校级体育比赛已经成为常态，高校具有丰富的比赛组织经验，大学生积极报名主动参与，能够在此类比赛获奖是一份较大的荣誉。大学赛事的举办需要学校决策层的支持，需要领导机构的全力以赴。从大赛举办的初期，赛事主办方对比赛场地有严格的要求和建立了健全的学生保护措施，避免在竞赛中受到伤害。此外，学生的热情参与和大学的专业组织机构的努力是分不开的，是他们激发了大学生的体育热情，促进了体育的发展。

3. 体育教学内容和课程设置完善

美国大学的体育课具有强烈的目的性，他们在授课伊始，确立了详细的授课计划。美国大学通常有一到两年的必修课程和两年的选修课程，更有甚者，学校没有开设体育课，仅仅设置了体育部，供学生自行锻炼。各个州的大学体育教授内容种类繁多，内容具体，计划明确，学生可以根据自己的兴趣爱好和职业发展需要，选择不同的体育课程。此外，美国高校十分看重体育基础理论的教学和运动技能的培养，众多选修课程在校内平分秋色，让学生进行自主选择，反复筛选决定。

（二）美国大学体育现状对我国的启示

1. 将大学体育的组织管理权授权给大学体育部

美国大学体育教学由大学体育部直接管辖，大学体育部对大学各项体育活动和体育安排进行统一规划，统一管理。大学体育部对活动的举办的专业性和流程性的总体把控具有丰富的管理经验。而在我国高校中，体育教学管理部门众多，管理内容穿插不清晰，管理职责相对模糊。直接管理体育教学的除了体育部，还有体委、教委、团委等众多部门。这些管理的方式对大学体育发展形成了一定的阻碍。

2. 在课程设置上缩小体育教学的范围

在美国，体育教学活动是实践性的学科，有些高校对体育基础理论不进行单独教学，将其融入到体育活动中，让学生在遇到问题时，教师及时给予理论指导。而我国体育教学将体育理论进行模块化教学，所有的高校采用的相同的教学模式。随着高校招生人数的增多，体育课程的上课人数增加，教师往往不能够及时的给予指导，学生的问题也无法得到解决，慢慢地学生对体育活动变得厌恶，体育课程的积极性也随之降低。因此，高校体育课程需要减少上课人数规模，同时教授不同类型的体育相关课程，根据学校自身的实际情况，进行体育课程安排，满足学生对体育教学的期望。

3. 建立健全的大学体育管理和组织制度

美国大学的硬件设施相对较完善，学校内部具有各类活动社团、俱乐部以及健身中心，为学生的体育锻炼提供了多种机会。在我国高校校园建设中，由于学校土地面积和资金的限制，体育硬件设施差距较大，部分高校缺乏有效的运动场馆，如网球场、游泳馆等。学生想要开展此类活动，找不到合适的场所。为此，我国应在未来加大高校基础设施建设，建立大学体育管理制度，有效地丰富课外活动内容。

如今，美国大学体育教学已经呈现专业化、职业化的发展趋势，打破高校教育内容的限制，呈现了多种形式并存的态势，促进了大学体育事业的蓬勃发展。在我国高校体育授课方式可以借鉴以美国为代表的发达国家做法，改善我国体育教学存在的问题。

四、"阳光体育"背景下的高校校园体育文化

阳光体育是让学生在开放的环境下，融入体育运动中，感悟体育运动带来的乐趣与成就感，从而更深层的激发学生对体育活动的热情和积极性。"阳光体育"是充分尊重学生的个人意愿，重视体育焕发体育运动内在的吸引力，吸引学生参与其教学过程[1]。

（一）阳光体育运动开展的背景

长期以来，高校的教育模式依旧受到中国传统教育思想的影响，以教师为主导，控制教学进度和教学内容的讲授，忽略了学生作为独立个体的主观选择性，制约了体育教学的高效性，也影响了学生身心发展，此类现象严重违背了教学理念。阳光体育运动提出以来，受到社会各界的关注，经过不断地改进和发展，获得了学生的认可，也收获了同行的一致好评。针对学生的兴趣爱好开展体育运动或教学内容的设计，让学生体会体育的快乐，为学生的发展奠定坚实的基础。

（二）阳光体育运动的内涵

1. 阳光体育的实质是素质教育

阳光体育的顺利进行，得到社会各界的认可，充分尊重学生个性化的发展，摆脱传统教育施加在学生身上的枷锁，让学生在体育教学中享受快乐学习氛围。素质教育是相对于传统学科而言，摆脱繁重的学业任务，提升学习效率。素质教育是作为阳光体育教育的基础，保障阳光体育的实施。每天锻炼一小时，是学校应给予学生的更多的锻炼机会和锻炼时间，保障学生拥有体育运动以及健身的机会，这是促进学生智力、体力、能力综合发展的前提。

阳光体育进校园是教育史上的一个里程碑式的进步。阳光体育概念提出的初衷是保障学生具有充足的锻炼时间，进而促进学生的身心全面发展。它的表现形式是多种多样的，让学生体会体育本身所带来的快乐。学生是具有独立人格、不同性格、不同爱好的一个人，他们的培养方式不能是一成不变的，要因材施教。从过去的被动填鸭式教育，转变成体验式教学，激发学生内在的活力与创新力，使学生成为教学活动的一部分，充分肯定学生的能力。因此，素质教育和阳光体育在表现形式上略有不同，在目的

---

[1] 王成.青奥遗产：理论梳理与视点分析：南京青奥会精神遗产研究之一 [J].
体育成人教育学刊,2013（5）.

性上，两者具有共通的地方。

2. 阳光体育以学校体育为主阵地

在高校，青年学生是主要的群体，他们是体育教学的主要对象和教育的接受者。《体育与健康课程标准》明确地规定了教学的课程标准，高校教师则根据其具体内容，安排授课内容。在过去教学方法认为，"严师出高徒"。教师的角色是严厉的、古板的形象，对待学生需要严厉教育，否则，学生不好好学习文化知识。这是一种片面的思维，这种教育方法相对于现在是落后的思想，不适合当今高校学生的教育。教育本身包含两个方面："教"代表着教书，传授知识，解答疑惑；"育"代表培育，塑造学生内在的思想品德，使之成为一个利于社会发展的人。

传统的教学方法需要进行改进，在当今主流的教学思想中，充分肯定学生的主观能动性，强调发挥教师指导的作用，鼓励学生发挥其自身的探索能力和创造力。阳光体育的教育思想迎合当代大学生的社会背景、家庭背景，它充分考虑学生思维的培养方式，培养出学生具有团结协作、吃苦耐劳的品质，将社会主义核心价值观融入高校学生的培养教育中，这正是高校教育所提倡的，也是国家提倡的。阳光体育教学模式不仅向教师提出了一种全新的教育理念和教育方法，也给学生找到了一条适合自己发展、自己成长的道路。

3. 阳光体育为终身体育奠定基础

终身体育是一个人终身进行体育锻炼，将体育的基础知识、锻炼方法保存在大脑中，当进行体育锻炼时，通过原有的体育锻炼方法和体育基础知识进行指导。终身体育包含以下内容：

第一，人在能够从事体育运动时开始，到由于外伤或身体退化，无法参加体育锻炼情况结束，都积极参加体育锻炼，终身有目的性、有计划性的从事体育锻炼内容。

第二，在终身体育思想下，将体育锻炼整体内容进行碎片化，提供人在不同时期所应接受的体育锻炼内容。

体育运动的出发点是以兴趣为基础，享受体育运动所带来的快乐，既在体育运动中锻炼了强壮的身体，同时也收获了乐趣，获得了较大的认同感和满足感。阳光体育不仅能够带来体育运动的兴趣爱好培养，也可以让它变成一种习惯，影响今后的生活。

4. 阳光体育强健现代学生的体质

阳光体育主要是为了学生更好地享受体育运动乐趣，增进师生情感，以增强学生的体育课程理论的学习与指导为主要出发点。在不经意间，改善师生间的关系，从"师生关系"逐渐过渡到"朋友关系"，这是教育的一次进步，也是师生关系的一次飞跃。随着网络游戏在高校学生间的蔓延，高校学生主动参与运动的意愿逐渐下降，学生的身体素质也呈现缓慢地衰退，阳光体育制度的实施，让学生走出网络，走出宿舍，走向运动场，参加体育运动，增强学生体质。

（三）阳光体育运动有效开展的条件

1. 阳光体育课是阳光体育开展的基石

在阳光体育开展的过程中，体育课是一切学习与活动的原动力，也是体育教学的最佳形式。只有通过体育课堂，教师传授体育教学的相关知识、基本技能才更加方便快捷地面对面进行指导。阳光体育是让学生在开放的环境下，融入体育运动中，感悟体育运动带来的乐趣与成就感，从而更深层的激发学生对体育活动的热情和积极性。"阳光体育"充分尊重学生的个人意愿，重视体育焕发体育运动内在的吸引力，吸引学生参与其教学过程。只有重视体育课堂的教学工作，学生才能真正地领略体育文化的精髓，真正地享受体育锻炼的乐趣，感受体育运动带来的魅力。

2. 兴趣是阳光体育全面开展的动力源

兴趣是最好的老师。兴趣是一种学习动力，能够充分推动学生进行深入探索，是促使激发创新能力的最佳方式。让兴趣引导学生，是阳光体育推崇的核心理念，兴趣可以通过后天的培养，逐步养成积极投身于体育日常锻炼中的习惯。学生有良好的兴趣不单单可以影响自身，通过交流互动还可以给周围的同学带来正能量的输出，从而感染他人、唤醒他人潜在的体育爱好，与之一起进行体育活动。

3. 阳光教师是阳光体育运动的传播者

阳光教师是一个优秀教师的代表，阳光教师通过以身作则，通过自身的兴趣爱好感染身边的学生，教师用乐观积极的生活方式，带领学生构建一个阳光集体，这个集体充满着关怀、团结、友爱，是一个温馨和睦的大家庭。教师教导学生，最好的方式不是用语言去陈述，而是用行动去证明。阳光教师用积极向上的态度面对生活中的挫折，用团结互助的方法鼓舞陷入悲伤的同学。阳光教师用独特的方法和手段，对学生的日后发展起到积极的影响，使学生受益匪浅。

4. 学校、家庭、社会的有效结合使阳光体育运动得到深化

一个学生健康成长不仅依靠学校的教育，而且更加依赖家庭父母的引导和社会给予的关怀。当学生受到伤害，最先想到的是家庭的温暖以及父母的支持，其次是学校老师给予的关怀，最后是社会给予的帮助。想要学生快乐地成长、健康地成长，需要学校、家庭、社会等多方努力，共同构建良好的生长环境。

由于学校资源的限制和经费的制约，阳光体育开展过程中还存在学生多、器材少、场地小等问题，要想使体育运动得以开展，就必须得到家长的支持。在我国升学考试中，体育被大众认为是副科，不像语数外永远占据主导地位，这是由于学生的升学压力造成的。在学习完语数外之后，家长需要对学生的体育运动安排合理的时间，保障学习之后有充足的时间进行锻炼，培养学生身心健康的发展。

（四）如何开展好学校的"阳光体育"

1. 提高对阳光体育运动的认识

阳光体育作为教学的一种新型方法和手段，学校要组织各部门进行大力推广，同时给予教师学习培训机会，增强教师的学习能力、理解能力，能够将所学、所想、所知用合适的方法进行表达。教师自身要转变传统的教学模式，从思想上改变原有的旧式思维，勇于尝试，开拓进取，多想、多学、多思考，意识到学生体育运动的成果和身体健康水平的进步所带来的积极影响。

2. 加大对阳光体育运动的大力宣传和推广

体育精神是一种独特的文化，它强调的是如何保持健康的身体，高校应该利用学校现有资源对体育文化进行大力宣扬，阳光体育的理念深入学生生活的各个角落，呼唤学生对阳光体育的关注，呼唤学生对自己身心健康的关注，引导广大学生为了自身的发展，离开网络，抛弃游戏，走向运动场，开始阳光体育活动。学校要积极表彰阳光体育的先进集体和个人，是他们起到模范先锋带头作用，让更多人以他们为榜样，带动更多同学参与其中。

3. 以体育课教学为基本平台，以课外活动为保证

在各个学校，课外活动是必不可少的环节，如何利用课外活动保障学生的体育运动时间，这是教师应该思索的。在日常体育教学中，教师有意识的引导学生规划课外活动的体育锻炼内容。课外活动可以以小组为单位、

以班级为单位，进行体育锻炼，如跑步、篮球赛、羽毛球赛、足球赛等等一系列丰富多彩的活动。这样既丰富了学生课外活动内容，也引导学生进行日常体育锻炼。

4. 合理安排好课外活动时间

（1）定期组织学生开展课外活动，组织开展特色体育竞技类活动，如拔河等。

（2）组织开展特殊类型的运动形式，如课间操后的跑步时间。

（3）定期组织各个年级利用课外活动时间进行友谊赛等体育活动。

5. 明确阳光体育运动的标准

开展阳光体育活动要符合《学生体质健康标准》，建立和完善学生身体素质测试方案和评价系统，并将成绩进行归纳、总结，从而调整体育授课的内容和学生体育运动的方式。

6. 必须做好安全教育工作

阳光体育的目的是为了让学生科学地锻炼身体，促进身心健康的发展。在进行体育锻炼之前，需要保证学生的安全。因此有以下方面需要注意。

（1）定期检查和维护运动场地，清理场地上的尖锐物体，发现场地有安全隐患应立即停止使用。

（2）教育学生要科学合理地运动，在运动之前需要将随身携带的尖锐物体进行妥善处理，防止在运动过程中受到损害。

（3）体育运动过程中，学生要相互尊重，不在运动场中嬉戏打闹，妨碍他人运动。

开展阳光体育运动是综合性的考验，需要学生、教师、家长的鼎力支持和相互配合，共同为学生的身心健康保驾护航。

第三章 建立科学体育观

体育整体观是体育观的整体框架，而体育价值观、人文体育观、科学体育观作为体育整体观的补充和解释，本章主要对上述内容进行论述。

第一节 体育整体观

一、体育整体观的提出

我们将体育系统思想的整体表述称为体育整体观。体育教学在系统论原理中是以一个完整系统存在的，因此，体育教学的主要性质便是其整体性。体育整体观是体育领域中现代系统论和唯物主义辩证法的实际应用，也是当今体育实践活动中非常重要的一种体育观念。

国内外对于系统的整体观的认识在很早以前就有所体现。

早在两千多年前，希腊哲学家亚里士多德曾说过："整体大于它的各部分的总和。"其意为："整体的各个部分多发挥的作用全部进行叠加，也小于整体发挥的作用。"

在我国，形成于两千多年前的传统中医理论体系，可谓整体观念应用的典范。著名的《孙子兵法》也处处体现了整体性思想。自 20 世纪 80 年代中期以来，我国学者开始应用"三论"（系统论、信息论、控制论）思想研究包括体育在内的各种学术问题，体育整体观也随之提出，且用以指导体育基本理论的研究，并取得了一定的成绩。

国际范围内，随着欧洲工业革命的进行，社会门类不断分化，社会分工逐渐明确，使人们对于自然现象和社会发展拥有了更加细微和深层次的认知。但是，对于问题的孤立和片面研究使得形而上的观念滋长蔓延。即使如此，整体观这一哲学思想的科学性依旧得以彰显，甚至对近代科学的发展起着至关重要的影响和作用。19世纪德国古典哲学大师黑格尔在《哲学全书》中曾经说过："不应当把动物的四肢和各种器官只看作动物的各部分，因为四肢和各种器官只有在它们的统一体中才是四肢和各种器官。"恩格斯肯定了黑格尔的上述辩证观点，并进一步指出："交互作用是我们从现代自然科学的观点考察整个运动着的物质时首先遇到的东西。"阐明了事物的系统不过是相互作用的要素所构成的综合体。

系统的整体效应观点认为：如果各个要素是孤立的，将这些要素加起来，它们的和不会大于系统的整体功能之和。这是因为，如果各个要素是孤立的，那么要素之间的顺序也是孤立的，如果将其放在系统内，那么系统内的要素则是有序的，经过有序的排列组合，就会形成新的系统，各个要素也会发挥最大功效，这就是人们通常所听到的"1+1>2"。一个系统内，要素越多，系统的规模就越大，各个要素发挥的效能也最大。而科学的管理会将这样的效能更加放大。

马克思主义哲学认为，世界是相互联系的。在这一点上，现代系统论有着异曲同工之妙，同时，它还是现代科学的一个重要分支。它也对事物之间的联系做了肯定，而且认为构成联系的各个要素有共同的目标，因而组成一个统一体。现代系统论将看事情的角度放在整体上，并致力于从这个角度分析问题。总而言之，现代系统论提出的认识事物的方法有很大的积极作用，推动了世界的发展。在现代系统工程与大量科学实验的基础上进一步发展起来的、体现唯物辩证法光辉的现代整体观或系统论是人类理论思维的一个巨大的飞跃。

从古至今，人们对于系统整体观的研究和学习都在不断深入，无论是哪个时期或者是哪个区域，人们对系统整体观的认识都是不断深化的。它在体育方面也有所应用，如进行科学的管理以及全面的健身方面都有它的身影。从发展趋势上看，它在体育领域的影响越来越大。

二、体育整体观的意义

现代体育得到了发展，而整体观在这门学科中的运用就是一个重要的标志。在我国体育发展中，整体观具有十分重要的影响。下面对其进行简单地分析。

（一）健全体育理论研究体系

树立体育整体观，无论是对体育事业的发展，还是对加强其他各界对体育的认识都具有非凡的意义。树立体育整体观可以加强对体育事业的进一步认识，让人们清楚体育的定位，了解体育的结构，对体育构成的各个要素有进一步的认识，从而进一步加强体育理论认识，提高体育工作者的水平，进一步完善体育工作。

（二）促进区域体育事业发展

目前，我国体育事业刚刚起步，无论是技术上还是内容抑或是形式上都不成熟。加上我国还未实现全面小康的目标，各地发展不平衡，无论是财力上还是物力上还是人们的思想意识方面都存在着差距，体育事业的发展也不平衡。在现代化建设时期，处理好各个局部之间的利益关系以及由此引发的矛盾，对于促进我国经济的发展以及各行各业的发展具有十分重要的意义，当然，其中包括体育事业。而如果能够很好地运用体育整体观，那么，处理这些局部之间的矛盾和问题就比较容易，从而有利于我国体育整体功能的发挥。

（三）完善我国体育管理制度

由于受到历史文化社会经济等多方面的影响，我国体育的管理体制比较单一，基本上是政府集中统一领导，即通常所说的"举国体制"。但随着上述各种因素的逐渐变化，体育的管理体制也有所变化，进一步得到了深化，并不断完善。体育整体观的提出就是这样的变革之一，它对于体育体制的变革具有十分深远的影响。

三、体育整体观的应用

在对一些体育问题的分析及认识上，体育整体观的影响巨大，能使人们以更加全面更加正确的态度来分析一些体育问题，特别是一些体育宏观问题。具体表现在以下三个方面。

（一）体育定位的分析

体育整体观的应用有助于对体育的定位分析，这就能使体育工作者对其工作有明确的认识，并能更好地摆正体育的位置。在全国各界，对于体育的认识都要分析体育定位。主要表现在以下四个阶段。

第一阶段，在西方体育传入我国初期，此时的中国还是旧中国。国力贫乏，人民处于水深火热中，生活尚且苟且，何谈体育。此时的体育毫无地位。即使是一些教育工作者，对体育也并不重视。而与此出现的另一个极端是，一些民族认为体育能救国，过高地拔高了体育的地位。

第二阶段，就是新中国成立以后。此时国家完整，经济秩序慢慢恢复正常，党和国家开始重视人民的体质，开始重视体育事业。此时，体育运动也不负众望，取得了很大的成就，摘除了"东亚病夫"的帽子。然而，由于"左"的思想的影响，人们不能准确地认识体育，另外，受到政局的影响，无论是学校体育还是群众体育，都受到政治运动的影响。

第三阶段，20世纪80年代以后，有的人迫切地想"振兴中华"，而手段之一就是体育。此时，体育与政治捆绑，为政治服务。这时候的体育地位明显存在被拔高的嫌疑。此时，人们对体育的热情也随之高涨，认为体育就是爱国，在这样的思想指导下，体育参与者更加注重比赛中的输赢，甚至为了赢不择手段。此时，我国的体育完全成为竞技体育发展的附庸。

第四阶段，进入21世纪以后，我国随之步入一个新阶段，无论是哪个方面都发生了翻天覆地地变化，随之发生变化的是人们对体育的认识。此时的人们更加关注体育本身的功能，更注重体育对人们生活产生的影响，更加关注自身的健康，同时也更意识到，只有有一个健康的身体，才能更好地投入到社会主义建设中去。新时代必须同时重视人的思想道德素质、科学文化素质和健康素质，才能更好地奔向小康。体育将越来越成为人们生活的一个组成部分。

这些阶段为我们提供了宝贵的历史经验。无论是哪个阶段，都要摆正体育的位置。纵观我国体育的发展历史，有忽略体育的地位的时候，也有高度抬高体育地位的时候，这在历史上都是不乏教训的。虽然历史提供了经验，但是将体育摆在正确的位置，对其作用和地位有正确的认识，这是需要重视的一个新的课题。"要解决体育的定位问题，需要有历史经验的借鉴，需要有多学科的视野和知识等，然而对体育的客观实际进行整体观的分析也是很有必要的"[1]。

体育是一门系统比较庞大的学科。无论是系统内的哪个部分，都会围绕体育总目标开展。同时，作为文化教育的重要组成部分，体育的作用更加重要，对于建设社会主义精神文明具有非常重大的意义。实践证明，体育事业发展得越好，说明文化事业开展得越全面。作为整个文化事业的一部分，体育事业的功能如果能得到充分发挥，履行好体育自身的职责，才能更好地适应时代发展的需要，我国体育事业才能实现健康、可持续发展。

[1] 陈青.学校民族传统教育[M].北京：人民教育出版社，2002.

（二）体育构成的分析

体育展现出来的形态众多，内容丰富，不同形态的体育活动目标也不同，功能各异，构成的要素也是不同的，作为这样一项复杂的社会活动，虽然内容庞多，但是并不杂乱。体育各个系统和要素之间都是相互联系的，共同构成一个统一体。这进一步体现了体育整体观。

在体育的整体观或系统论里，体育的构成要素之间相互制约并有同样的目标。从空间维度讲，将体育教育的目的以及手段作为体育的基本要素。体育目的又以体育方针为其要素，体育方针又以体育实施任务为其要素；体育手段以身体练习为其要素，身体练习又以各种技术动作为其要素等。体育系统中各层次要素的集合构成了一个完整的体育系统。

（三）体育要素协调发展的分析

在体育系统中，众多的要素是有联系又互相制约。如果体育能正常运转，那么要归功于各个要素的协调。如果其中一个要素不能良好运转，出现掉链子的情况，那么个体与系统的运转也会受到影响，各个要素的功能不能很好地被挖掘出来，整个体育系统的功能也黯然失色，甚至停运，这就对整个体育事业的发展起到制约阻碍的作用。

我国目前体育事业的发展主要围绕两个方面进行，一是竞技体育，二是群众体育。顾名思义，竞技体育比较专业，主要就是参加竞技比赛，参加者也是比较专业的运动员。群众体育的主要参与者就是群众，他们参加体育运动没有专业的体育运动员那样的竞争性，进行体育锻炼的主要目的是为了健身、休闲、娱乐。一般说来，群众体育与竞技体育的关系是普及与提高的关系，二者作为我国体育事业的构成部分，共同影响着体育事业的发展。二者相辅相成，相互促进。这已被我国体育实践的大量事实所证明。虽然二者的直接目标是不同的，参与的人群也有很大的差异，但是实践证明，如果政策偏向任何一方，都不利于整个体育事业的发展，更不利于体育整体功能的发挥。

影响体育发展的要素很多，其中包括内部因素，也包括外部因素，内部因素和外部因素之间是相互制约的。也就是说，如果体育想持续发展，那么内部要素和外部要素都十分重要。不仅要协调体育内部要素，同时还要与政治、经济等外部因素相结合，要从体育整体观出发看待问题。当然，协调体育各个要素的发展需要一定的时间，因为不可能做到各个要素之间平衡发展，这些要素之间的发展由不平衡到平衡，然后又由新的不平衡到平衡，周而复始，逐渐向更高一级进化。因而，从这个角度来分析，要素之间达到平衡是永无止境的。另外，做好协调工作对于体育事业的发展也具有很重要的意义。做好协调工作就必然要建立相关的机制，促进局部体育要素的超前发展，使之与其他要素的发展相匹配。最终达到整个系统的和谐发展，由量转变成质的飞跃。

第二节　体育价值观

一、体育价值观的概念

人们对体育有一定的认识，久而久之就形成了一定的价值观。也可以这样说，体育价值观就是人们脑海中对体育价值的认识，反映了人们对体育价值的基本观点和基本看法。这个价值观使得人们对体育问题的价值取向做出了一定的判断标准。

二、体育价值观的影响因素

在人们的价值观中，体育价值观是一个重要的组成部分，也是人们形成完整的世界观的重要组成部分。它的形成受多方面的影响。大体可以分为主观因素和客观因素两大类。

（一）主观影响因素

1. 个体的立场、观点、方法等

这里的个体指的是进行体育活动的主体。作为鲜活的个体，其价值观必然会受到立场、观点、方法等影响。一个人在对事物产生看法时，就会形成一定的价值观，反过来而言，这个价值观也会影响个体对事物的看法。个体的价值观不仅受到直接的主观因素的影响，同时也会受到一些间接的外部因素的影响。

人与人之间是不同的，不同的个体之间价值观也是不同的，当然，有时候不同的个体之间会对同一事物产生共鸣，这说明体育价值观在具有差异性的同时，也具有统一性。例如，体育是无国界的，不同国家之间对体育的理解不同，表现形式也不同，但总归来说，无论是哪种形式的体育运动，都能促进国家的发展，也能促进人与人之间的沟通交流。因此可以说，在人类历史上，无论过去还是将来，奥林匹克体育价值观都是人类共有的、高尚的体育价值观。

2. 个体的体育经历、体育知识、体育感受、体育审美等

前文已经提到，个体价值观会受到主观因素的影响，这些因素同样是直接的影响因素，包括个人的经历、教育、审美等。对于个体而言，无论是经历，还是教育，抑或是审美，这些因素都是后天形成的，虽然是后天形成的，但是会内化于心，对于一个人的价值观有很大的影响。这些因素和一个人的年龄有关，例如一个人年龄越大，阅历越丰富，个人所获得的体育知识、体育感受、体育审美也是不同的，当然，随着年龄的增长，这些也会跟着增长，个体的价值观会更加成熟。"科学、系统的体育学习、参与能使个体更加清楚地了解与认识体育的功能，并能很好地利用体育[1]。"

（二）客观影响因素

1. 社会文化因素

作为一种社会文化现象，体育价值观，是在社会文化观念、思维模式和行为方式的土壤上形成的。因而东方体育文化和西方体育文化有很大的差异。

西方体育文化对于竞技结果是十分看重的。西方体育赛事上，很看重力量、速度等，人们崇拜力量美、形体美、速度美，并在文学作品中不断歌颂，在这样的比赛中，胜出者会受到人们的爱戴和追捧。在古希腊，在体育竞技中就有强烈的"胜""负""成""败"欲，这样的体育价值观直至今天依然在西方国家中比较盛行。

而在中国，讲求"和为贵"，更讲究竞赛中的友谊，将身体锻炼看做修身养性的手段，也对竞技中的成败看得较轻。体育锻炼的真正目的是为了追求人格的完美。加上中国传统文化中的养生之道，更加注重体育锻炼对人的气质、品格以及修养上的提升。

由此看来，中西方关于体育的价值追求是不同的，对体育的认识也有很大的差异，这是由不同的人文环境决定的。

2. 体育功能因素

人类社会的早期，由于各方面条件的限制，导致人的认知方面也不足，人们对体育的认识只停留在强身健体的功能上，很少会追求体育在审美方面的价值，随着现代社会的发展，经济水平提高，人们的生活越来越丰富，也逐渐开始追求审美，人们的认知大门也逐渐打开，对体育的认识程度和

---

[1] 张选惠.民族传统体育概论 [M]. 北京：人民教育出版社，2006.

范围也不断深化，因而就更加重视体育活动的开展，也更加注重体育的多种功能，更致力于挖掘体育的价值。

三、体育价值观的基本内容

（一）体育价值目标

体育价值目标也可以称之为体育理想。人和人之间是有差异的，体育运动者也是如此，这就决定了不同的人对运动所达成的目标也不同，即使是同一个运动者，在不同环境下或者不同条件下进行不同强度的体育运动也会有不同的追求，期望达成不同的理想。因而，对于个体而言，体质、年龄、性别、职业、教育程度、经济水平等这些因素的差异造成体育价值目标上也各不相同，有的人眼光局限，只看到自身，有的人心怀天下，看到社会。由于表现层次不同，体育价值目标也表现出不同的差异。

（二）体育价值实现手段

个体在实现体育价值时，会采取一定的手段。通常，实现个体体育价值的手段主要有以下三种。

首先是比较基础的经济手段。是针对一些物质条件、物质奖励以及物质方面的约束机制而言的。

其次是必要的政治手段，如在实现体育价值时采取的一些行政手段、法律手段和政策手段等，这些手段都具有一定的约束力。

最后是舆论手段，包括宣传教育、道德弘扬、舆论工具的应用等。

（三）体育价值评价标准

对任何事物的评价都要有一定的依据，评价体育价值也是如此，需要人们对体育价值有一定的评价尺度和依据。评价一般会针对两个方面进行，分别是质的评价和量的评价。这就是体育价值评价标准。通常，会将人的自由发展和社会的全面进步作为体育发展的最终目标，也是评价标准的核心思想。

体育的价值不仅仅存在于某个国家或地区，它的影响范围和内容更加深远。依据不同的标准来评价体育价值，得到的结论也不相同。如果文化背景不同，或者个体来自不同的民族，甚至是不同的国家和地区，对于体育价值评价标准都是不同的。对于一个国家和地区来讲，体育价值能否满足个体的需要，同时能否满足社会和国家的需要，这需要科学合理的体育价值评价标准来衡量。

现阶段，物质生活的极大丰富使得人们对体育运动的追求也越来越高，我国体育价值的评价标准就是跟着人民日益增长的需求而变化的，最大限度地满足要求，并在此基础上实现人的进一步发展，促进个体自我价值的实现。

第三节 人文体育观

一、人文概念与人文精神概述

（一）人文的意义

人文包含两层意：一是"人"，代表人类社会进步的辉煌；二是"文"，代表一种文化，一种积淀，一种传承。

人类社会在发展的过程中，文化随之诞生。人类在一起聚集，久而久之，会达成一定的共识，这是文化形成的初期的形态，这种共识代表着当代人类形成共同约束性和赞同性的规范、制度。当然，由于这些因素形成的时间长短不同，出现的时间也不同，因而具有不同的地位。其中，价值观念占据核心位置，对其他方面的因素影响深刻。信息符号是基础，有了这些信息符号，人类可以进行沟通，从而使文化进行群体之间的传播，这是早期的行为规章制度和道德约束法则，这些内容对人类发展十分重要，规范和制约着人类活动。人类不同的发展时期，文化呈现出不同的特征。其中，无论是哪个时期，人文都是最核心的部分，是价值观念和行为规范方面的内容。

不同的分类方法分成的领域和内容也不相同，从教育的角度来看，文化可以分为科学、学术、素质等方面。具体分类见表 3-1。

表 3-1 人文的分类

一级分类	二级分类
国学	诸子、易学
社会	法律、人权、经济、政治、军事
教育	科学、素质、学术
艺术	电影、音乐、美术、神话

一级分类	二级分类
文化	文学
历史	中国、世界、外国
美学	跨学科（艺术、心理、伦理、文学、哲学）
哲学	思想、宗教

（二）人文精神

人文精神（Humanism），学术界也称人文主义、人本主义、人道主义。通常人们将人文精神分为狭义上的和广义上的，下面进行具体分析。

狭义的人文精神指在文艺复兴时期兴起的一种人文思潮，其核心思想包括以下内容。

（1）对人更加关切，更加尊重。

（2）张扬人的理性。

（3）不仅重视人的身体发展，还重视人的心理发展，也就是主张灵肉和谐。

广义的人文精神指始于古希腊的一种欧洲文化传统，其基本内涵包括以下三个方面。

（1）追求人生中的幸福，注重尊严。

（2）注重追求真理。

（3）追求生活的意义，关心人的价值。

在我国学术界、教育界对于人文精神不是很明确，虽然经常提到人文精神，但对其具体的内涵了解不深，这就导致了学术界对人文精神的理解各执一词。其中，一部分人认为，人文精神是针对人类的精神世界而言的，主要指的是由哲学、文学、伦理、艺术和历史等构建出来的人类思想，说的更直接一点就是价值观念和行为准则。我国学者王汉华对人文精神也做出了研究，在其著作《"人文精神"解读》中指出，人文精神具有科学、道德、价值、人本主义、终极关怀五个层面的含义。

（1）从科学的角度来看，人文精神是对科学、知识、真理的追求和探索。

（2）从道德的角度来看，人文精神就是对道德信念、道德人格、道德行为、道德修养的追求和看重。

（3）从价值的层面来看，人文精神就是渴望和呼唤自由、平等、正义等重大价值。

（4）从人文主义的层面来看，人文精神就是尊重和关注人，就是期盼和高扬人的主体性。

（5）从终极关怀的层面来看，人文精神就是反思信仰、幸福、生死、生存、社会终极价值等问题。

二、人文观下的体育教学

（一）人文体育

体育是一门综合性学科，主要的研究对象就是人的身体运动。当前，体育正在经历着由"人文体育观"向"生物体育观"的回归。现代科学的发展使得体育与自然学科的联系日益密切。这些学科为体育的发展奠定了基础，同时，体育推进了这些学科的发展，人们开始认识并关注自己的身体，体育的生物属性被挖掘出来，在人们的意识里，人文属性逐渐减弱，学习体育逐渐被认为是一种技能的学习。当前，在新形势下，无论是对于人自身，还是对于社会而言，体育都凸显出越来越重要的作用。因而，关于体育也应该有明确清晰地认识，下面几点值得注意。

（1）体育的自然属性：体育的自然属性（物质世界）是人类维持增强和改造自身机能形态的科学实践。

（2）体育的文化属性：体育是改造自身人文精神状态的人文实践。在体育的这两种属性中，自然属性是基础，文化属性是核心。

（3）体育的教育属性：体育活动不仅仅是一种"育体"或"健身"活动，更重要的是它以"育心"和"完人"为其终极目标。在体育教学中，有多种育人的手段，如运动、练习以及相关的体育课程、教育等。现代体育更关注人的功能作用，其表现就是体育的目标，更加注重强身健体，健身塑形等，同时完善自身内在人文精神状态，因而，现代体育不仅有自然科学的特征，同时还具有人文科学的属性。在体育教学过程中，也要以体育这两大属性为标准，强调体育中人的作用，重视人的价值与创造性，也就是要重视教学中的参与者——学生的重要性。

（二）体育教学中的人文思想

在体育教学中，一个重要的指导思想就是人文主义思想。那么，人文主义思想体现在哪些方面呢？下面对其进行具体的论述。

首先，体育教学是针对人开展的，它的自身就具有十分浓重的人文属性，具体来说，在体育教学中关注学生的身心发展，不仅看重学生健壮的身体，而且还要对学生良好的心理与品德进行培养。体育教学中知识的传授以及对学生关爱性思想的传达等的实现，都是要通过这种身体行为上的活动。

其次，就是在体育教学中对学生的尊重，尊重学生的价值追求，强调人权，尊重学生的个体需求，使更多的学生热衷于学习体育，并在体育运动中展现自己的长处，让自己的个性得以彰显。同时，要通过这样的教学让学生有良好的体验，产生愉悦的情绪，扫除不良情绪，使身体得到健康发展的同时，心理也能健康发展。

三、以人为本的体育教学思想的提出

事物是发展变化的，因而，任何事物都要跟得上发展变化的速度，这就在客观上要求创新，体育教育也是如此。对体育教育来说，它在客观上要求体育教学思想观念的创新，从而不断适应体育教学的发展需求，并进一步促进体育教学的发展。在体育学理论中，无论从时间跨度上还是在空间跨度上都对体育教育的发展做出了研究。研究显示，对体育教学而言，落后的体育教学思想观念对体育的发展不起作用，或者起到抑制发展的作用。先进的、符合现代教学要求的体育教学思想观念对于体育教学的发展影响意义深远。现代教学课程的改革要求同样先进的与之相匹配的教育思想，随着这样的浪潮涌现，体育教育思想也发生了巨大的转变。阻碍教学发展的旧的教学思想逐渐退出了历史舞台，新的教学思想崭露头角，逐渐代替旧的思想登上体育教学的舞台，体育教学朝着科学化、先进化的方向逐步迈进。与以往不同的是，在新的体育教学思想中融入了人本主义思想，更加注重人的作用，更加强调学生的主体性，这是传统的体育教学思想中所没有的。学生更能通过这样的教学建立起终身体育的观念，重视自身的未来发展。这些变化对我国体育教育有着深远的影响，在这些先进的思想中，比较有特点的就是终身体育思想，这也是与以往教育思想最大的不同点，除此之外，人本主义教育思想也凸显出来，也是和以往教学思想不同的一个地方。下面主要针对终身体育思想做出详细的分析。

（一）终身体育教学思想

1. 终身体育教学思想的概念

所谓终身体育，具体是指在人的一生中都要进行身体锻炼和接受体育教育与指导，它是终身教育的重要组成部分。简言之就是从出生到死亡，都要进行体育锻炼。下面从几个方面对终身体育思想做出阐述。

（1）终身体育指人从生命开始至终结，在整个过程中都要参加体育锻炼，使体育成为日常生活中必不可少的内容。

（2）终身体育是指以正确的体育观与方法论指导人生的不同时期、不同生活领域中参加体育活动的实践过程。

（3）终身体育强调个体的体育思想和体育意识二者的有效结合，其中，体育意识是终身体育的思想基础，对于个体来讲，体育意识的强烈程度直接影响学生终身体育思想的形成。

（4）终身体育强调个体整个生命过程中不同时期的体育，即体育健身贯穿于生命的全过程。

终身体育思想是经过实践检验的，并最终成为现代先进的体育教育思想。在实际的生活中，终身体育由相互联系、相互影响的学校体育、社区体育、家庭体育构成，共同作用于个人，并要求学校、家庭、社区均应开展体育活动，为人们提供参加体育活动的机会。终身体育贯穿于人的一生，对社会而言是全体国民的体育，二者的统一是终身体育追求的最高目标。终身体育思想的形成是人类自身和社会发展的必然要求。在学校中开展体育教育并向学生灌输终身体育的理念，对于学生的身心健康发展及其对社会的适应等都十分有益。

2. 终身体育教学思想的基本特征

（1）体育锻炼时间的终身性

和传统应试教育思想相比，终身体育教育教学思想突破了传统的学校体育目标，着重强调学习和掌握运动技能的观念，使学校体育教育获得了进一步发展和延续。因此，从这个角度来讲，终身体育无疑是一种先进的教育思想。这种先进性具体表现如下：传统的体育教学观念把人接受体育教育的时间仅仅局限在在校学习期间，体育锻炼的内容也局限于体育知识、运动技能的学习和掌握。与传统的体育教学思想相比，终身体育则要求根据学生个体生长发育、发展和衰退的规律和阶段性特征进行科学的身体锻炼，并养成终身参加体育锻炼的习惯，即体育锻炼应贯穿人的一生。

（2）体育锻炼群体的全民性

终身体育锻炼具有全民性的特点，具体表现在以下两个方面。一方面，就体育锻炼对象而言，包括儿童、青少年、成人和老年人等。以终身体育为指导开展全面健身运动，其实质是群众体育普及的进一步发展，因此终身体育涉及社会中的每一个人。另一方面，就体育锻炼范围来说，包括学校体育、家庭体育、社会体育等。在现代社会，每一个人都要学会生存，要生存就必须会学习、运动锻炼和保健，人们要想更好地生活，就要把体育与生活紧密联系在一起，只有这样才能在体育活动中受益。

（3）体育锻炼目的的实效性

终身体育旨在促进人的全面可持续发展，其最终目的是维护和改善人的生活质量，增进健康，延年益寿，并最终通过人的发展促进整个人类社会的发展和不断进步。根据终身体育指导思想，在日常生活中，人们为了改善自己的生活质量，根据自身条件合理选择适合自己的体育方式，做到有的放矢，具有较强的针对性和实效性。总之，终身体育锻炼要有明确的目的，要能促进自身的全面发展和终身健康。

3. 终身体育教学思想的意义

（1）促进体育教学改革

在我国传统教学过程中，因受传统教育思想的影响，我国学校体育过于重视技术、技能的教学，而忽略了其他方面的教学内容，使得体育教学中出现了一系列问题。学生走上社会后必须掌握的东西，教师不一定教；而教师教的内容，学生走向社会后不一定用得上。通常情况下，学生在走向社会后，就几乎不参加体育锻炼，致使身体状况每况愈下，不能适应变化的环境，这种情况极大地阻碍了学生在步入社会以后的健康、持续发展。

基于促进人的发展的终身体育教育教学理念不是只追求某一特定的运动技能和运动的熟练程度，而是学会能自我分析自身的身体锻炼和运动实践的综合能力，它注重培养学生对体育的爱好，有利于促进形成终身体育的意识，使学生养成锻炼的习惯，同时注重学生掌握系统的体育基本理论知识，掌握科学的身体锻炼方法以及检查评定方法，另外还对学生自觉、自愿地参加和组织体育活动的能力提出了更高的要求。终身体育思想的提出有利于促进当前学校体育教学改革，是体育教学思想的一种创新和必然结果。

（2）满足体育生活化的要求

终身体育适用于所有人，是群众体育和大众体育的重要基础，而群众体育和大众体育发展的动力是体育生活化，生活化的体育是社会进入小康社会的必然产物。在现代社会，人们生活的价值容量在不断地扩大，生活与体育之间的联系越来越密切，人们在每个阶段参与体育锻炼，能增强自己的体育意识，提高对体育锻炼的认识并形成自觉自愿的锻炼风气，这已经成为社会发展的必然。

当前重视学校体育教育，并通过学校体育教育增加体育人口，为我国大众体育的发展和竞技体育的发展奠定基础。是我国发展体育事业的一个重要和有效的途径。具体来说，学生是社会未来的建设者，是未来社会的构成主体，而社会成员终身体育意识的形成对推动群众体育的开展、提高群众对体育活动的兴趣、促进文化交流都具有重要的意义和作用。终身体育注重人的个体性，并且着眼于人的一生中不同的年龄阶段、不同的生活环境、不同的职业特点等来选择不同的体育锻炼内容、形式和方法，采用不同的运动负荷进行身体锻炼，以期终身受益。虽然我国的大众体育获得了一定程度的发展，但由于受到一些条件的影响，如场地、器材、经费和组织等，开展次数比较有限，时效性也不高。因而，实现体育生活化就必然要大力开展体育活动，加强人们的体育观念。

（3）促进社会主义经济建设

发展体育事业不仅能增强人们的体质，而且对社会经济的发展也具有十分重要的意义。经济发展水平越高，人们的体育意识就越强，终身体育的理念也更能深入人心。下面对体育和经济方面的密切关系进行详细的阐述。

首先，经济是体育发展的基础，社会对体育的需求是体育发展的动力，经济的不断发展又促进社会对体育的发展提出要求。同时，社会经济的发展也为体育事业的发展提供了经济投资的可能。

其次，对整个社会而言，要想促进社会的发展，就必须促进生产力的发展，这在客观上要求提高劳动生产率。对于劳动者而言，拥有一个良好的身体是做好工作的重要基础。终身体育的重要理念就是强调人的身体素质，只有拥有良好的身体素质，劳动者才能更有效地工作，创造更多的物质财富。

（4）满足现代社会发展的需要

毋庸置疑，终身体育中一个最基本也是最重要的理念就是强调个体要拥有一个强健的身体。这其实也是我国社会主义体育事业最本质的特点。在社会中，有各种各样的劳动力，他们的性别不同，年龄不同，但无论是什么样的劳动力，都需要保持健康的身体实现自己的价值，并为社会创造价值。

处在这样一个竞争激烈的社会中，人的压力难免加大，身体素质也越来越差，要想在这样的社会中求得生存，适应压力，就必须拥有健康的身体。通过体育锻炼不仅能使人的身体更加健康，体质增强，而且还可以在体育锻炼中提高心理素质水平，增强抗压能力，积极排除困难，无论是生理还是心理都保持一个健康的积极的状态。在人生的不同阶段，个体需要不同的锻炼方式来增强体质。如年轻人可能会进行一些节奏较快的体育运动，老年人可能会做一些节奏较慢的体育活动。当然，无论是哪个人生阶段，锻炼身体都必须根据自身的情况做出适当的调整，以此保证更加充沛的精力，在激烈的社会竞争中更加抗压，更加积极阳光，扫除负能量。

社会的发展使人们的生活水平越来越高。但是随着生活水平的提高，很多人的健康出现了问题，各种文明病肆意横行。文明病的频发使得越来越多的人意识到只有拥有良好的身体素质，才能进一步享受高品质的生活。这就要求将体育锻炼融入到日常的生活中来。如果一个国家的人民能自觉进行体育锻炼，保持良好的体育锻炼的习惯，那么，这个国家就是文明程度较高的国家，同样，如果一个民族的人能养成自觉参与体育锻炼的良好习惯，那么这个民族就是一个先进的民族。因而，能否终身体育是一个国家、一个民族先进与否的反映之一。

最后，体育产业能带动和促进经济的发展，终身体育就是在经济发展的条件下，不断向社会提供体育劳务这种特殊的体育消费品，人们通过体育锻炼能达到强身健体、丰富业余文化生活、提高体能和心理素质的目的，促使人们更好地将精力投入到经济建设中，从而促进社会经济的发展。体育与经济二者是相互促进的关系，在经济不断发展的情况下，终身体育思想也会不断强化。

（二）人本主义教学思想

1.人本主义教学思想的基本观点

现代社会中，科学主义的浪潮逐渐兴起并成为教育的主流，无论是对人们的价值观还是生活方式，都产生着十分重要的影响。科技改变社会，为人们带来便利的同时还处处牵制着人们的生活。例如，现代社会中，人们的沟通方式主要以手机等电子产品为主，如果没有这些电子产品，人们的联系将变得困难，而且在日常生活中，这种制约越来越明显。在20世纪50年代，结构主义、要素主义相继登场，教育界都进行了改革，但最终以失败落幕。此时认知心理学和行为主义也相继出现，并对人们的认知有所影响，教育逐渐成为一种工具，人们对教育的热情也下降，逐渐丧失了获取知识的兴趣。在这样的背景下，现代人本主义应运而生，强调人的主体性，反对过度依赖科技。

具体来说，现代人本主义教育思想强调了人的重要性，其特征主要表现在以下几个方面。

（1）教育目标追求学生的自我实现。现代人本主义思想指出，教育的最终目标就是要实现自我、形成完美的人性，并达到人所不能及的最高境界。人的自我实现包括以下两个方面的内容：一方面，人的自我实现是人格的整体性的表现。人格的整体性主要体现在人学习的整体性，学生的自我和环境、情感和智力在学习的过程中有机地结合起来。罗杰斯认为，认知和情感两种因素的结合就是人的学习，教育者所要做的就是促使这两种因素的结合。人格的创造性则是指人的性格、个性以及个人整体的充分发展等方面。另一方面，人的自我实现是人格创造性的要求。创造性是每个人与生俱来的潜能，教育就是要对这种潜能进行挖掘，教育要有助于创造性的培养，它的最终目的就是要培养出一个不惧怕变革并且能够勇于追求新事物的人，在变革中享受变化的乐趣的人。因此，现代人本主义教育的根本理念就是培养人的创造性，这是这一教育理念的价值所在，对当前的体育教学具有重要的指导意义。

（2）课程安排尊重学生的自由发展。现代人本主义教育思想对体育教学的指导意义在于体育教学应充分给予学生自由选择的机会，他人应尽可能少地干涉，这样才能培养起良好的独立性，建立自信心。就体育教学来讲，不存在一成不变的在任何时候都适应所有学生的体育课程，必须要提供多种多样、侧重点不同的体育课程方案，使其适应不同学生的个性特征，通过科学体育教学课程安排下的体育教学活动的开展，引导学生根据自身的发展需要来进行选择。在教学过程中，应使学生所学的知识与其生活经验相互结合，同时，重视学生情意因素和认知因素的有效结合。

（3）教学方法重视学生的情感体验。现代人本主义主张以学生为中心，因此，在体育教学的过程中，让学生通过切身学习获得经验，并让学生在学习中发现自我，学会尊重他人，建立自信心，促进独特个性的形成。因此，学校所应做的是给学生营造良好的人际交往环境，教师对学生报以真诚的态度，给予学生充分的尊重、理解和信任。总的来说，在弘扬人的个性，强调以人为中心、尊重人的情感体验等方面，现代人本主义教育思想与新人本主义、古典人本主义教育思想是一脉相承的。

通过对人本主义的发展历史进行分析和研究，不难发现，现代人本主义与古典人本主义、新人本主义之间存在着以下两个方面的差异。一方面，现代人本主义与古典人本主义、新人本主义所针对的对象并不同，前者主要针对"科学主义"，后两者主要针对封建教育。现代人本主义教育在一定程度上否定了教师的权威，肯定了学生在学习中的主体性，重在培养学生的创造精神。此外，现代人本主义还注重发挥体育教学中的非理性因素的重要作用，并且随着经济社会的发展，其也表现出了一定的时代进步性。在新的时代环境下，科学人本主义和现代人本主义已经成为两个相互抗衡的主流。另一方面，就理论基础来讲，空想特征和片面性在现代人本主义教育思想中仍然存在，它的理论基础有唯心主义的一面，其教育目的更是表现出偏执于"个人本位"，它在将人与科技、人与社会相对立、相分离的同时，其对教育价值的认识也受到了更多的束缚，并且反理智主义也进一步得到助长。在一定程度上来说，现代人本主义是对古典人本主义和新人本主义思想的背叛，它逐渐背离了两者所倡导的理性传统。

需要特别注意的是，人本主义教学观念与科学主义教育思想二者并非"重视人""重视科技"的绝对对立，随着现代体育教学的发展和社会对人才的要求不断提高，人本主义教学观念与科学主义教育思想二者在未来将表现出一定的趋同性。具体来说，科学主义教育思想对经济社会的发展具有重要的促进作用，符合社会发展的主流趋势，其在教育中的主流地位逐步确立，并得到了进一步的巩固。因此，随着教育价值多元性逐渐被人们深刻地认识到，人本主义教育思想也逐渐呈现出与科学主义教育思想相融合的趋势，并使得科学人本主义教育思想的概念得以形成。科学人本主义教育思想认为，科学人本主义的目的主要是关心人和它的福利，它是人道主义的，同时科学人本主义也是科学的。总的来说，科学人本主义不仅尊崇科学，同时还注重人道，它所要达到的是理性与情感的平衡发展，社会与人的需要的平衡发展。可见，人本主义教学观念与科学主义教育思想二者都十分重视人的发展，二者的差别主要表现在对人的作用的认识方面。

2. 人本主义教学思想的体育改革启示

（1）重新定位学校体育价值。人文精神体现在现代体育教学的方方面面，这与弘扬人文精神的时代潮流是相适应的。这种发展趋势，为人们思考学校体育教学的价值提供了便利。我们知道，学校体育的根本出发点和落脚点是"育人"，它是现代教育的重要组成部分。但长期以来，人们在理解体育科学化的基础上，常常采用生物学的观点来对学校体育的价值做出判断，并且过多地关注学校体育"增强体质"的功能。另外，随着商业社会的不断发展，实用主义对学校体育产生了重要的影响。在现实社会中，学校体育并没有对学生进行充分的情感体验和创造性的培养，对于学生个性的发展也有所欠缺。

从本质上来看，学校体育教学的首要功能就是要增强学生的体质，社会需要使得学校体育为经济发展和社会政治服务成为必然，但这些并不是唯一的。因此，在我国现阶段体育教育改革是要在增强学生体质的基础上，进一步拓展体育教学的人文价值，从而建立起多元化的体育教学价值体系。

（2）重新构建学校体育目标。当前，注重学校体育目标的人文倾向是我国学校体育改革的重点。我国传统的学校体育教学目标为增强学生体质、掌握"三基"和德育。随着体育教学的不断发展，体育教学的育人作用被不断丰富和发展，多元化的学校体育价值体系给学校体育目标多样性、多层次地构建提出了必然要求。随着体育教学改革的不断发展，我国国内的学者已经认识到，技术教育和体制教育并不能完全作为学校体育实践的重心，应该把重心从单纯地追求学生的外在技能水平向追求学生的全面协调发展转移。

（3）重新调整学校体育课程内容。在人本主义教学思想指导下，学校体育教学内容应围绕学生展开。为此，我国先后修订了中小学体育和高中体育教学大纲，并使教学内容的灵活性和教育性在新的体育教学大纲中得到加强，在促使学生养成良好的体育习惯、弘扬民族文化、符合学生身心发展特点方面进行了较大地改进。我国体育课程处于不断进步和发展之中，但其并不能完全满足素质教育的需求。

现阶段，加强对我国体育课程内容的多方面调整是十分必要的，具体内容主要包括以下几方面。首先，体育教学内容的趣味性。在课程改革过程中，要充分利用学生的好奇心，激发其学习的兴趣。其次，体育教学内容的普及性。课程内容中对于一些竞技体育项目中不适合该年龄阶段学生的技术要领、规则、器材和设施要进行相应的改造，并使其更有利于在全体学生中普遍开展，更具有健身价值。再次，体育教学内容的适用性。课程内容的设置要侧重于对学生的终身体育能力的培养，加强与社会和生活的联系。最后，体育教学内容的创新性。课程内容还要为学生创新精神的发展提供广阔的空间。

四、人文体育观指导下的体育教学改革

（一）确立人文体育教学理念

从教学目标来看，传统体育教学只重视学生身体练习，忽视了体育教学对学生的德育、智育和促进心理健康方面的作用，可以将传统体育教学理解为简单的生物体育观，这种教学不利于学生的全面发展。

当前，在人文体育观念影响下的教学改革中出现了"学习领域目标""课程目标"等一些新的概念。在教学过程中，对教学目标也进行了多方面的层次和类别划分，确立了"身体健康"和"运动技能"两个最为基础的目标，并且在此基础上确立了"心理健康"和"社会适应"等多方面的新的目标。但我国教育与意识形态和政治之间具有较为密切的关系，近年来，在商业化不断发展、实用主义逐渐盛行的社会背景下，我国大学进行了人文教育与科学教育两种观点之间的论战，在很长一段时间内，科学主义主导了我国的学校教学。不得不承认，我国学校教学在科学主义的影响下呈现出科

学至上的原则，并且政治化和意识形态化也较为严重。科学主义膨胀造成人文精神的萎缩，造成在教学过程中人文性逐渐缺失，人文精神缺失也成为我国社会的一大弊病。

随着教学改革中对学生主体性的重视，现阶段，人文精神在逐渐回归。在开展体育管理、教学等方面的活动时，僵化的行政观念模式正在逐步松动，并且处处体现着人文关怀的印记。在现代体育教学过程中，体育课堂从教师示范、学生学习与练习的循环中解脱出来，并将其他所需要达到的目标穿插其中，从而让教学环境变得更加生动，这有利于调动学生在体育教学中的积极性和主动性，有利于学生综合素质和能力的提高。

（二）重视课程体系的人文调整

在任何一个时期，加强课程体系的改革都是体育教学改革的重要方面。实践证实，通过课程体系方面的改革，能够使教学内容更加丰富多样，能够更好地满足社会发展和学生进步的多方面需求。但就目前我国体育教学现状而言，很大一部分体育教师或学校体育教学工作者在体育教学实践过程中设置相应的教学课程时有不当和不足之处。在学校教学过程中，为了赶上教学进度，很多学校都会牺牲体育教学的时间，用来进行其他学科的学习。而被安排用于体育教学的时间，也没有得到很好的利用，对培养学生参与体育锻炼、学习体育课程内容、参与体育实践的积极性十分不利。

在人文体育教学思想的影响下，学校体育教学中存在的上述课程设置方面的问题得到了初步解决，教学效果得到了明显的改善。具体表现在以下几个方面。

（1）学校在设置相应的体育教学课程时，开始考虑学生的各方面需求，并且在课程中逐渐将学生作为课程中的主体。

（2）学校在进行教学内容和课程体系设计时，更加注重学生的个性和性别特点，开始根据学生的身体素质水平来提供丰富多彩的、供学生进行选择的体育教学内容。

（3）学校体育教学工作者在推动体育教学的实施过程中更加注重学生的身心发展规律，并通过多方面的努力尝试来提高学生的学习兴趣和学习积极性，体育教学效果得到了显著地提高。

（三）突出教学方法的人文特征

改革体育教学方法是现代体育教学改革的重要内容之一。在人文主义思想的影响下，体育教学过程中，通过多种形式的改革，改进体育教学的手段，培养学生的人文精神。

　　作为人文体育教学的重要组成部分，学生在体育教学过程中要得到全面的发展，需要教育工作者对学生的素质教育给予高度的重视。具体来说，在教学过程中，体育教师应关注、关爱学生发展，不断创新，促进体育教学方法的不断优化和发展。在人文教学实践中，教师应通过不断创造和探索生动有趣的教学方法，使学生能够在教学过程中真正体会到体育运动的快乐，能够在运动过程中感受其乐趣和独特魅力，并养成终身参与体育锻炼的良好习惯。

（四）加强体育教学的人文评价

　　在人文教学思想的影响下，教学评价体系逐渐发展和完善。在教学过程中，要求评价者开始注重"区别对待"的原则，针对评价者的具体情况给予相应评价。新的评价体系不仅注重对学生进行全面的评价，还注重对教师教学的评价。

　　1. 学生评价的人文体现

　　（1）教师在针对学生学习效果的评价中应重视对多方面的教学效果进行量化分析，并且将定性评价和定量评价相结合，以提高体育教学评价的科学性。教学评价过程中，对于学生认识到自身的不足以及获得学习的动力可起到良好的促进作用。

　　（2）教师在针对学生进行评价时，不应局限于对学生技术技能的掌握情况，而应更加注重对其创新能力、学习态度、意志品质等方面进行综合的评价。

　　（3）在每堂课完成后，体育教师要及时追忆每一位学生的出勤情况及所有隐性情感的表现，并做出较为客观的记录和评价，善于通过学生在学习过程中的表现来考察学生的情感态度的变化和进步程度，并将学生情感的评价结果作为重要的素材，来保证学习效果评价的合理化和科学化。

　　2. 教师评价的人文体现

　　对教师进行评价的主体是学校体育工作部门和相关领导者，学校在构建相应的评价体系时，不仅应注重教师评价系统和过程的科学性和可操作性，而且要注重在评价过程中体现多方面的人文关怀。

（五）提高体育教师的人文素质

　　在体育教学中，体育教师具有举足轻重的地位。体育教师是体育教学活动的主导者，是学生体育学习的指导者，对学生可以产生直接的影响作用。因此，要想增强体育教学中的人文精神，体育教师是关键因素。如果体育教师不具备较高的人文素质，就无法培养出富有人文精神的学生。因此，不可否认的是，提高师资队伍的建设水平是培养学生人文精神的重要前提条件，加强体育教师的专业素养与人文情怀，不断更新知识，这些正是将人文精神融入体育教学的关键。人文思想对学校体育教育有着深远的影响。

当前，根据我国体育教学的现状，需要从以下几个方面提高教师的人文素质。

（1）教学观念。所有真知都来源于实践，作为体育教育工作者，要想形成一套切实可行、较为科学的课程体系还有很长的路要走，必须进行观念上的转变，树立以人为本的现代体育观，加强自身对全面健身的充分认识，进而借助学校体育教学培养学生参与体育锻炼的良好习惯，以此来增加体育人口，进而吸引更多的人参与体育活动。

（2）专业知识与素养。主要指体育教师所具有的知识基础、专业知识、专业技能等。

（3）教师职业素养。指体育教师的形象、口才、人格力量、道德修养等，这些对学生人文精神的养成都会产生不同程度的影响。

（六）构建和谐的校园人文环境

环境建设是体育教学改革的重要方面，良好的教学环境是取得较好的体育教学效果的重要保证。因此，在教学过程中，应加强学校的人文环境建设，营造良好的教学氛围。

（1）校园体育物质环境建设。通过改善学校体育教学的物质基础加强学校人文环境建设。学校在对原有体育教学课程内容进行改革的过程中，运动场馆和运动设施逐渐得到了发展和完善。体育运动场馆和设备是教学必不可少的工具，通过多方面的建设不仅能使学生更好地进行体育运动，还能使其深化对体育教学中人文主义精神的理解。

（2）校园体育文化环境建设。构建和谐的校园人文环境并不仅仅是学校的体育场馆和运动设施等方面的建设，还包括学校的体育文化建设，应使学生能够积极主动参与到学校组织的各项体育运动之中，并且能够全身心地投入，使学生不知不觉地获得感染和熏陶，从而认可和接受相应的体育运动文化。

总之，学校体育人文环境的建设是一个长期的过程，需要学生、教师、学校等各方面的共同参与。

第四节　科学体育观

一、科学体育观的理论基础

从字面意思就能看出来，科学体育观建立的基础就是科学。它与体育科学体系之间是主导和基础的关系。在科学体育观的指导下，体育科学体系得以建立，并得以发展。同时，作为一个重要的分支，体育科学体系又增加了科学体育观的内容，使之更为丰富，同时使得科学体育观从理论变成实践。

作为一种社会活动，体育主要的对象就是人的身心和社会。人类在漫长的历史中有无数的体育实践，经过这些实践，人们逐渐探索出了几个在体育运动中需要掌握的科学基础，分别是体育生物科学、体育技术科学、体育人文社会科学。

（一）体育生物科学基础

体育是一种人体活动。生物科学与体育运动结合，经过一定的实践，就形成了体育生物科学。在我国，学界又将其称为"运动人体科学"，它主要的任务就是对体育与人、体育与社会之间内在联系进行研究。

体育生物学科体系非常庞杂，构成成分众多。其中包含了一些学科，如体育哲学、体育史、体育基本理论（体育概论、体育原理）、体育教育学、体育社会学、体育经济学、体育管理学、体育美学、体育心理学、体育伦理学、体育法学、体育新闻学、体育文献学等[1]。

（二）体育技术科学基础

体育技术科学，无论是在体育方法学中还是在体育行为学中都对其有详细的阐述。实际上，它是介于上述两个学科群之间的应用学科群。这门学科对运动技术与战术、运动训练、身体锻炼与人的身心、相关环境要素等都有所介绍，同时还对这些要素之间的联系进行了探索。

体育技术科学内容丰富，主要包括运动专项理论与方法、运动训练理论与方法（或竞技运动理论或运动训练学）、运动竞赛理论与方法（或运动竞赛学）、健身健美理论与方法等[2]。

---

[1]　周西宽. 体育基本理论若干问题探析 [J]. 体育学刊，2002.

[2]　田麦久. 运动训练学 [M]. 北京：高等教育出版社，2000.

（三）体育人文社会科学基础

在人类社会中，体育运动是构成文化的重要内容，但在一定意义上，体育运动是独立的，是人类重要的实践活动。在这样的实践活动中，人类改造着自然，改造着社会。如果能够很好地发挥体育功能，说明人们的体育行为、体育实践符合体育自身发展的规律性和体育的科学原理。在人们的体育实践中，对其中原理和规律有一定的认识，最终形成一定的科学体系，这就是体育科学。

上述三个学科中共同构成了体育的理论基础。这三个学科之间有着紧密的联系，同时相互作用，一起影响科学体育观的建立。跟着马克思主义哲学，这三大学科从不同的方面影响着体育运动，从而进一步使得体育科学成为一个比较完整的体系，最终形成体育科学体系。

二、科学体育观的目标导向

通过科学体育观的指引，体育工作者在具体的体育实践中更加明确了方向，更加促进了体育的科学化进程，从而为科学体育观注入新的内容，科学体育观的体系更加完善，内容也更加丰富。科学体育观的目标导向只能是体育的科学化，其中不仅对体育管理做出了科学化的要求，而且还强调运动训练科学化和全民健身科学化等。

（一）体育管理科学化

在体育管理科学化中，一项首要的工作就是体育决策科学化。一般在管理中，决策是核心。在进行体育决策时，一般要把客观条件作为依据，同时要借助一定的方法，在众多的备选方案中选择最合适的方案，进而进行分析、判断和选择。

实践表明，决策者自身的素质对决策有十分重要的影响，决策者素质越高，越能做出科学、正确的决策。尤其是那些管理经验丰富以及科学文化水平较高的管理者，加上民主的管理理念，必定会使得体育管理更加科学。当然，在做出一些较大的决策时，除了对决策者的素质有要求外，还要经过专家的反复论证以及大量的科研结果的支持和论证。由此可以看出，现代一个科学的决策需要科学的原理明智的决策者以及相关课题研究的支持。

从根本上说，体育管理科学化是要应用现代科学理论与方法、管理的基本规律，从而使得体育管理的效率不断提高，进而提高综合效益。现代科学有"软""硬"之分。这里对我国体育管理的软科学进行重点分析。

软科学，属于决策科学的一种，是自然科学、社会科学、工程技术、数学、哲学交叉融合而形成的，它的综合性比较高，同时也是支撑民主和科学决策的知识体系。通常而言，进行软科学研究的主要目的就是为了解决社会发展中的决策、组织和管理问题，从而对社会经济的发展起到推进作用。它以辅助决策为根本目的，利用现代科学技术提供的方法以及通过网络等手段，采用定性分析和定量分析相结合的集成方法而进行的一种多学科、多层次的综合性研究活动[1]。在我国的体育工作中，体育科技工作也是一个重要的方面，做好这个工作就必须对体育软科学进行研究。从而更好地辅助各级体育部门科学决策、科学管理，推动体育事业的发展。

（二）运动训练科学化

现代体育中一个重要的标志就是运动训练科学化，同时它也是现代体育科学化发展的重要内容之一，如果能够进行科学的运动训练，那么体育事业的发展在整体上都会有所进步。

随着我国对体育事业发展的重视，我国对体育发展的关注和投入越来越多，当前形式下，如何促进科学地运动训练、培养优秀的体育人才，是我国体育界重要的课题。在经济全球化的背景下，体育也在全球化，国际上的体育赛事越来越火热，竞争也越来越激烈。在这样的前提下，愈来愈多的人认识到体育的重要功能，加上科技成果在体育中的运用，运动训练更加科学更加规范。因而，无论是集体还是个人，对训练效果的要求也愈来愈高。运用科技成果进行训练已经成为不可阻挡的趋势，它能帮助人们在激烈的体育竞争中立足。科学的训练方法、科学的训练理念已然成为体育事业中重要的组成部分。要借助于新的科学的方法来指导体育训练，使运动训练不是口头相授，而变得更加科学，更好地适应世界体育整体的发展趋势。

运动训练科学化内容广泛，包括科学选材、诊断、计划制定、训练活动组织、训练过程管理、训练恢复与营养补充、训练医务监督等诸多方

---

[1] 毕棚. 软科学研究及我省软科学发展的现状及未来 [J]. 科技信息: 科学教研, 2000.

面[1]，实现运动训练的科学化发展，需从以下方面入手。

（1）先进的时代会提供先进的科学技术，这给运动提供了更好的条件，同时采用先进的方法，遵循运动训练的规律，更好地解决运动过程中遇到的问题。

（2）从实际出发，针对运动员个体差异和影响其运动成绩提高的各种因素（包括身体的、心理的、技术的、战术的因素和其他客观因素）进行课题或科技攻关研究，并将科研成果及时、有效地应用到运动训练实践中去，以更好地解决训练的个性问题。

上述两个方面的工作要充分结合起来，"两手都要抓，两手都要硬"，只有这样，才能充分发挥科技在训练中的作用，才能不断提高运动训练的质量和水平。

（三）全民健身科学化

从字面上不难理解，全民健身科学化就是把全民健身活动纳入科学轨道的过程。在现代条件下，全民健身的愿望越来越强烈，其中涉及到的健身问题是一个十分重要的问题，同时是一个涉及到健康的问题。什么是健康，人们有不同的理解。世界卫生组织（WHO）对健康的定义是："不但没有身体的缺陷和疾病，还要有完整的生理、心理状态和社会适应能力。"这是一种科学的身心健康观，又是将人的健康视为多因素（体育锻炼、营养卫生、生活习惯、调整心态等）相互作用的综合健康观。

如何使全民健身更加科学，有以下几点需要注意。

（1）加强全民健身科学理论研究。其中就要搞清楚全民健身与奥运的关系，除此之外，还有如何进行科学地健身以及要对国民体质进行监测，同时还要对全民健身器材的研制及场地管理进行研究等。研究全民健身，不仅能促进全民健身运动，而且能使全民健身朝着产业化的方向发展。

（2）加强全民健身的科技队伍建设和科学研究。这是与终身体育思想一脉相承的，要使全民健身科学化，让更多的科技成果服务于全民健身事业，将相关的科技成果朝着社会化的方向发展，并积极动员人民进行科学健身，科学锻炼。

（3）根据实际制定全民健身计划并保障实施。要根据不同地方的实际情况制定相应的全民健身计划。当然，制定的计划如果不符合实际，也

---

[1] 张道荣. 江苏省青少年业余体校田径教练员训练科学化现状的调查与分析[J]. 科技信息：科学教研，2003.

就很难开展体育活动，很难实施计划。在实施的过程中要加强监督，保证实施的效果。

（4）重视科学健身知识和方法的宣传与推广普及。通过宣传普及让更多的人民群众参与进来，并正确引导人民健身，使全民的身体素质得到提高。

（5）采用科学、合理的健身方式、方法或手段，提高全民健康水平。健身或锻炼方法成百上千，应因时、因地、因人而异，合理选择，不可千篇一律，且"锻一己之身者其法宜少""少者不必不善，虽一手一足之屈伸，苟以为常，亦有益下情焉"。

第四章　体育教学模式

　　20世纪70年代末至80年代初，我国发生了翻天覆地的变化，在教育方面也是如此，尤其反映在体育教学上，无论是教学思想上还是教学模式上，或者是教学手段上，都经过了更新。但是，经过一段时间的实践后，人们发现了许多问题，比如说改革的形态在某种程度上导致了理论与实践研究之间的脱节。因而，在80年代后期，人们开始探求新的出路，开始研究如何让体育课堂的教学效率更高，保证教学质量。在这个过程中，各种各样的教学模式映入眼帘，体育学界开始重视起这些模式并进行深入的研究。

　　20世纪90年代，进行体育研究的学者们明确采用了"教学模式"的概念，并试图把这种研究推向深入。经过大家的不断努力，体育相关人士也已认识到体育教学模式是体育教学理论、体育教学观念通向体育教学实践的中介和桥梁。

　　近年来，无论是经济还是知识，社会的各个方面都有所发展。在教育学界，人们也越来越重视体育，体育的教学模式也成为了人们的研究重点，多元化的体育教学模式逐渐呈现出来。基于不同的研究视角，人们给体育教学模式下了不同的定义，但没有形成共识。虽然人们各抒己见，但是还需要学习者注意到体育教学模式概念规范化与统一化，需要对体育教学和职业体育运动有清晰的分界线。在高校的体育教学模式中有三种模式，分别是体育教学理论、体育教学模式、体育教学程序。体育模式是渗透体育教学的各个基本点，了解体育教学模式有利于分析体育教学开放性、前瞻性和系统性。不同的体育教学模式的视角不同，所研究的内容差异性较大，一方面增加了体育教学内容的丰富性，但另一方面失去了体育教学模式的统一性，造成了体育教学模式理论研究的混乱性与体育教学实践中教学模式选择与应用的非灵活性。

体育教学模式不单单是一种模式，而是一项系统的工程，它涉及多方面的内容，如模式的比较、分类、归纳等方面。多元化的内容和教学模式让基层体育教师显得有些无力，无法通过系统化的培训和指导，无法选择合理的体育教学模式。

第一节 对教学模式与体育教学模式的思考

关于教学模式的定义，美国教育家乔依斯和韦尔这样认为："教学模式是构成课程和课业、选择教材、提示教师活动的一种范型或计划"[1]。我国《教育大辞典》中写道："教学模式是反映特定教学理论逻辑轮廓的、为保持某种教学任务的相对稳定而具体的教学活动结构。"由此可见，教学模式是指在一定理论体系指导下，来完成特定的教学任务，同时以此为目的进行教学设计。通常来讲，教学模式具备完整性、针对性、可操作性、标准性和反馈性的特点。

由于教学目标不同，因此教学模式也会随之有所不同，它们为不同的教学目标服务。在对教学模式进行评价时，一般会以完成教学目标的程度和效果为依据。如果教学理论不同，或者是教学目标不同，那么此时就应该选择不同的教学模式。也就是说，教学模式不是固定不变的。

教学模式可以根据不同的教育对象选择不同的教育理论，教学模式根据教育对象不同、教育内容不同分成以下三类：第一是儿童教育学习法，主要是依据儿童学习新事物时，儿童自身的认识发展规律，我们称之为发现式教育，此类教育模式是根据观察法发现规律，探究规律背后的原因以及模式；第二是根据社会中人类的人际交往需求理论以及学生自适应社会进步、社会发展为目的。此类的教学方法通常采用小组研究教学模式、合作教学模式、社会调查教学模式；第三是根据人格自身发展的教育模式，此类教育模式注重学生个性化发展、差异化发展。关注学生的情感变化、技能，通常鼓励学生自主性学习，此类教学模式通常为引导式学习、流程化教学模式。

---

[1] 赵立.体育教学模式问答 [M].北京：人民教育出版社，2003.

　　体育教育模式是在现有的教学理论和教学基础指导下，完成特定的教学目的的一种策略或模型。它体现在教学基本单元的每一处，如一节体育课、一个体育单元等。体育教学的目的是帮助发展学生的体育运动技能，掌握基本体育运动要领的"双重目标"。学校依据"双重目标"的培养方式，搭建适合学生的培养平台，实现学生体育和运动技能的双双增强。"双重目标"符合当代学生自身的发展方向和社会对高校学生的要求。

　　体育教学模式是教学理论的基本运用，通过实践加以总结形成的。一般教学模式是通过教学理论和实践转化而成。由于一般教学的理论也是指导体育教学的基本理论，因此体育教学模式的指导理论应被包含于一般教学理论之中。

　　由于教学目标的多样性、教学目的的复杂性，这些外在的因素对体育教学往往造成一种压力，无形中加大体育教师的工作负荷。另外，高校室外组织的复杂性、教学资源的稀缺性也影响着体育教学。因此，体育教学需要遵循其最基本的教学目的，以培养学生的体能发展能力和学习基本的体育技能为首要目的。无论教学场地、教学目的、教学资源如何变化，基本教学目标应该始终如一，教学模式的演变以基础教学目标为基础，是多种教育方法的推演和进化。

　　在体育教学的实际运用过程中，遇到的问题千变万化，单一的基本理论或教学模式无法满足教学需要。这时，需要通过多种理论进行叠加使用或者多个理论灵活使用，我们称之为教学模式的"演化"。在演化过程中，既有在教学模式上细微的调整，也有教学模式是自我创新，高校教师通过根据自我需要，分析使用场景，选择合理的教学模式[1]。

第二节　体育教学模式论

一、关于体育教学模式的定义的讨论

　　本研究是立足于体育教学模式的基本含义，即"体育教学模式是一种教学思想的载体，它包括稳定的教学模型和与之对应的教学方法体系，主要体现在教学实际行为上。"这其中体现出教学模式是一种结构，它包含

---

[1]　赵立.体育教学模式问答[M].北京：人民教育出版社，2003.

着教学方法和教学过程，并且两者是一一对应、相辅相成的。教学模式是一种动态形成的静态理论体系，它是以动态化的时间结合教学内容和教学方法形成的相对稳定的静态理论体系，体现在教学模式的普遍性和一般性相结合，这样形成的教育方法是综合"结构"和"类型"的框架的，使教学模式更加具有内涵，丰富了教学模式的内容。

教学过程依托课堂为主体，明确教学模型、教学活动的具体内容，把学生变成主导的教学内容的接受者，而教师则体现为教育的督促性和监督性。教学模式体现了高校教师的教育思想、教育方法、教育内容、教育体系。而教育内容、思想、方式等反过来作用于教学模式。教学模型和教育方法不是一种相互对立的关系，在高校体育教育中，教育模型决定了教育方法，而教育方法通过教育过程进行实施，教育方法根据教育过程的效果反作用于教学模型。在以前的教学模式中，体育教育尚未有明确的教学过程和教学方法，只是依托于传统课程的教学模式。而这些领域相对杂乱的教育理论对教育教学形成了干扰，我们称之为教学模式的混乱。

二、关于体育教学模式本质及构造的讨论

教学模式的设计包含三个模块：第一是某种教学思想的注入教育学方法体系；第二是教学过程结构；第三是相应的教学程序。教学过程结构是"框架"，支撑起教学模式的主体结构，而教学方法体系是教学过程结构的补充，两者相互依存。教学程序是由相应的教学条件决定的，最直观的教学条件反映在教学内容的针对性和逻辑性，各个高校的教学内容设置不同，教学时间也不尽相同，教师则主观进行教学内容的删减，选取和教学内容相关度较大部分进行讲授。此外，高校的学生是高校体育教学的接收者，学生的特点如入学年龄、身体素质、体育素养、运动技能等差距再加上教学条件的限制如学校的教育条件、教师的学术水平、教学内容的合理性等，直接影响了对应的教学效果，教学效果是教学模式最直观、最稳定的反映。教学模式的优化具有可操作性，根据教学模式的薄弱环节有针对性地改进和提升，整体的性能也将得到大幅改变。

综上所述，这才是一个良好的教学模式内容（如图4-1所示），这也本征地反映了教学模式研究的逻辑关系和基础内涵。

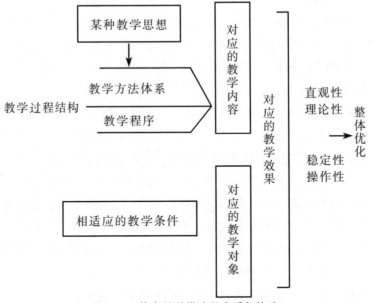

图 4-1　体育教学模式的本质与构造

三、关于建立体育教学模式的依据的讨论

之前我们谈过了体育教学模式的建立需要考虑的内容，这是研究中的技术难点。有的研究人员以特定的教学思想作为原始依据，有的侧重考虑某种教学方法作为依据，甚至有的人员以某种言论作为一种依据进行研究，这样的研究成果基础不统一、分类无方法、模式无固定，给从事教学的人员带来很大困扰，如何建立模式呢？应该从实际出发，从成熟的模式建立中寻找方法。见表 4-1。

表 4-1　教学模式和对设计模式依据的分析

模式	系统教学模式	发现式教学模式	掌握教学模式	程序教学模式	范例教学模式
依据分析	全面传授知识技能的过程	人在探索发现、发现事实逻辑发展的规律	人在熟练运用某种能力和技能过程中的规律	反馈原理和规律	将规律进行推广和扩大

如何科学的设计体育教学模式是一个值得讨论的问题，本书认为应该从事物的发展规律进行入手。从最初的认识规律，通过实验进行验证和检验，通过结果反馈对规律进行总结，形成一个单一的闭环系统。在研究规律时，通常遵循认识规律、技能规律、运动负荷规律、情感体验规律、人

际交往规律等。表 4-2 是相应的设计方案。

表 4-2　教学规律与教学模式

规律	体育教学过程结构	模式
①认识规律	问题假设—实验性练习—验证练习—结论评价	发现式模式、启发式模式
②技能规律	整体认识—分解学习—完整串联—熟练巩固	技能传授式模式、程序式模式、自学式模式
③运动负荷规律	准备性活动—主活动—副活动—整理活动	训练式模式、活动式模式、自练式模式
④情感体验规律	初步体验（活动乐趣）—挑战学习 1—挑战学习 2（学习乐趣）—创造改良（创造乐趣）	情景教学模式、快乐教学模式
⑤人际交往规律	集团组成—集团学习—集团机制—集团解散	小群体模式，体育课堂社会模式

综上所述，体育教学模式研究需要考虑以下几个方面。

确立思想。教学思想的确立是由符合当代学生情况和教育发展的部分确定的。

模式建立。一个良好的模式需要具有稳定性和鲁棒性。

操作性建立。在操作性建立的时候，需要让师生互动，让学生获得参与感、满足感。教师在授课时，应当激发学生的兴趣与爱好，引导学生将更深层的教育出发。

特性传播。特定的指导思想是通过特定的教学模式确定主次功能。突出其优势以及可解决的问题。切不可盲目自大，追求一劳永逸的"万能模式"。

边界效应。任何方法都有其适用的范围，在范围内部，能够解决特定的问题。若问题范围外的问题，则需要方法的改进或者需要引进其他的方法。这一点是明确教学模式的指向性[1]。

第三节　体育教学模式的分类与选用策略研究

体育教学模式经过高速发展，形成了以教学思想、教学条件、教学目

[1]　毛振明 . 体育课程与交差新论 [M]. 沈阳：辽宁大学出版社，2001.

标差异性的发展局面。但整体而言，体育教学模式是一个有机的整体，不可分割。无论教学模式产生的变化对各个方面、各个角度有多大变化，但其始终为教学目标服务。这个目标是以学生为中心，以实现学生的身心健康发展为目标，建立在学生具有顽强的体魄和过硬的心理素质上的，是为了培养学生的运动技能、实现人生理想制定的。因此，在目标分类上，在兼顾体育教育的小目标的同时应兼顾体育教学的大目标。

由于体育教学的多样性，个别的体育教学没有适合和明确的教学具体操作程序。在日常分类时候，省略掉一些体育教学模式，因为它们在实际操作中有诸多限制和不足，本文重点对成熟的体育教学模式进行归类（如图 4-2 所示）。

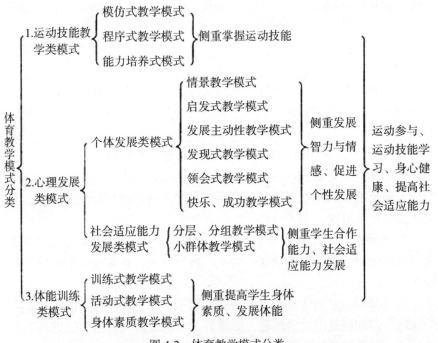

图 4-2　体育教学模式分类

不同策略对应不同的体育教学模式，选择策略时需要注意几个方面。

一、根据不同教材的教学思想来选用不同的体育模式

体育教学思想是体育教学模式的内涵。如果把体育教学模式看作是一道菜肴，那么不同的体育教学思想则是不同的调味料，使菜肴具有不同味道，不同的灵魂。不同的体育教学思想有相同的目标，即达到预期的目的。为了合理选择教学思想，需要研究不同课程内容的教材，由于教学内容的

多样化，教学思想也越来越复杂化、多样化。

二、根据单元教学不同阶段来选用不同的教学模式

在不同分类的教学内容中，运动项目的教学是必要的，大纲具体地规定出各个教学项目的时间限制。一方面，可以保障教学内容的完整；另一方面，保障学生可以学会基本的运动技能。而"大单元教学"是一项教学改变，它包含了教学目的、教学任务、教学步骤、方法以及教学环节的各个部分衔接，并保障教学活动的有序实施。单元教学中，由于学生自身条件的差异性，如体育基础、身体素质、运动能力等方面，导致教学课程和内容上有了主次之分，在教学模式上也有了差异。

三、根据不同的外部教学条件来选用不同的教学模式

不同的学校、不同的地域、不同的学生特点这些种种条件都限制了教学条件的选择，各个学校软硬件发展差异较大，设备场馆和气候因素也制约着高校体育的发展，在东部城市，高科技的教学设备已经普及，如多媒体、模型、3D 教学等；在西部地区，部分学校还未普及。因此，在教学模式的选择上，首先要考虑学校自身的教学条件，根据教学条件选择合理的教学目标、内容以及场地，此外，还可以根据多种辅助类教学手段如模型的制作、通过多媒体以及 3D 打印等选择教学模式。

四、根据教学对象基础条件来选用不同的教学模式

教师是教学活动是践行者，学生是教学活动的基本对象，教师和学生构成了教学活动的主要元素，使是教学活动中，教学对象决定了教学模式的选用，而不同的教学对象需要根据其特点和情况选择合理的教学模式[1]。

第四节　体育教学模式的结构、类型及应用条件

体育教学模式结构中包含三个层级，它们分别是：

教学理论依据、目标和应用范围。

教学程序。教学程序包含确定的操作程序，教学模式是需要人参考和

---

[1]　毛振明.体育教学论[M].北京：高等教育出版社，2005.

使用的，应当说明操作目标和使用条件。

教学方法体系和教学过程结构。在不同的教学方法中，需要更高层面的理论体系对其起到支撑和指导作用。一种教学模式往往是多种教学方法的综合运用和体现。教学模式中的教学过程结构主要是描述教学规律的不同形式，是教学过程各要素的组合。

教学条件可以满足教学目标的实现。包括教学的软硬件条件，如师资条件和学生的自我管理等。

上述所介绍的几个方面形成了体育教学模式的不确定因素，形成了一个变量系统，这些变量引起体育教学系统的变化。体育教学模式体现了其本身所具有的动态平衡性，无论变量系统如何进行改变，教学模式都能够使变化范围进一步地减小，从而探寻教学模式与变量之间存在的主要规律。经过科学严谨的试验方法的验证和评估可以确保规律的有效性和科学性，同时，将其放在实践中，用实践的方式来检验理论是否可行，从而形成了特定的教育模式，形成了连接教育理论和实践的表现形式。

为了使教育理论教学具有实际意义，我们根据体育教学模式依据进行分类，可以分成两类。

"功能分类"，即从教学的任务、目的等外部条件因素寻找依据对其进行分类。

"结构分类"，即从教学的程序、形式、思想内容和它的组织形式内部因素进行分类。

本文根据体育课程标准的目标对体育教学模式进行分类。传统的体育教学目标可分为提高身体素质性和体育知识性两个分类。在构建体育教学模式时，体育教学目的满足以上两个方面内容，因此，分类充分考虑上述两点内容进行展开。近年来，随着体育教学课程的进一步优化和改进，教学的目的发生了阶段性的改善，从单一目的教学转变为复合目的教学，体育教学内容不仅仅是培养身体素质和传授知识，而且转变为终身制的体育技能训练和素质教育的提升，培养学生的主观能动性如学习态度、学习参与性、兴趣等方面，学生从精神上得到了很大改善，学生的心理素质也得到了提高。

在新时代，根据学生和社会发展需要，体育教学目标从三个方面展开：

系统学习教学模式：以提高能力、发展身心素质为目标的教学模式。

程序学习教学模式：发现学习教学模式、问题解决学习教学模式、目标学习教学模式。

掌握学习教学模式：以培养学生体育态度、兴趣发展情感为目标的教学模式主要包括：自主学习教学模式、小群体学习教学模式。

体育教学模式应用需要进行把控，具体把控方法从以下三个方面入手。

第一，教学模式的选择需要符合教学目标约束的内容，由于教学目标是最终目的，是体育教学活动的理想结果。不同的教学目标需要采取不同的教学模式，使教学模式与之匹配。例如：问题解决学习模式需要学生自主钻研，刻苦探究，充分发挥自主学习的优势，因此低年龄段初级教育不适用此模式。

第二，教学模式选择需要考虑学生群体特征和发展水平，学生是学习的接受者，各类学生的理解能力和发展水平不同，教师需要采用合理的模式，让学生同步发展，共同进步。

第三，体育教学模式的选择充分考虑教学资源和环境限制。在小班制的教学中，时间可以合理分配，并掌握合理的教学评价方法。

第四，教学模式的综合考虑。体育教学目标的复杂性和多元性问题日益突出，单一的教学模式往往很难解决所有问题，需要多种模式综合运用。

第五节 对十种体育教学模式的分析

传统的体育教学模式的主要含义是掌握基本的体育技能，这种教学模式是从苏联引进过来的，是苏联的教育思想的含义，比较注重表面化的教学模式，因此，可以说是以教学理论为基础知识，遵循身体发育的特点实现掌握运动技能的规律，以此安排特有的教学课程和教学内容的教育模式。教学结构的特征是以某一种体育运动、一定难度的体育训练为指导，判断是否达到特有的难度来进行教学评价。教学课程的设计主要通过教学循环练习，强调日常练习的必要性和运动量的科学性，主张多练必精，重点关注体育技能的熟练度安排。

快乐学习法是国内外推崇的以体验体育运动的快乐为主导、在快乐中学习体育运动技能和体育知识的学习模式，也称为"快乐学习教育模式"。快乐学习教学模式的主旨思想是掌握体育运动技能，以体验运动的方式，激发学生的兴趣和爱好，从而将课堂体育教学发展至终身体育教学。该模式主要是利用学生的情感发展变化，从满足学生在体育运动中的快乐感、成就感，逐渐使体育成为日常生活中的习惯。该教学模式层次分明，层层递进，通过各种教学环节的相互链接，使学生体验到体育运动中交流、学习、挑战等环节的快乐。这类教学模式多采用团体竞技法、困难挑战法、群体参与法、小集团学习法等教学方法。

小群体学习式体育教学模式是利用小规模群体的特性，利用小组内成员沟通的便捷性和高效性，破除同学间的沟通障碍，接触人际关系的心理屏障，利用学生之间的互帮互助性促进提高学生的学习主动性，提升人际交流在学习中的积极作用。通过培养学生之间的沟通技能，使之达到在学校社会中的团结合作意识。教学过程的主要特征为：小组教学模式具有灵活多样的特点，具有不固定、自由度大的特征。小组学习法的最终目的是利用同学的感染性，实现互帮互助性的学习。在整个过程中，教师的主要作用是引导小组教学，负责整体教学进度把控，使得多个小组团体能够按照教学目的进行学习。

身体锻炼式体育教学模式含义和其教学指导思想也经常被称为"课课练教学模式"，是20世纪80年代初盛行起来的教学模式，是在重视通过体育教学进行身体锻炼、谋求学生的体质增强的教学思想指导下的教学模式，强调按人体活动和机能变化规律来考虑教学过程。教学过程结构特征为：教学的单元设计也是以某一项运动技能学习为主线，与前述的第一种模式相似，然后根据所教运动技术的特点组织一套相应的身体素质练习作为锻炼身体的内容。

情景和模仿式体育教学模式也称为"情景教学模式""形象教学模式"，是一种通过教师创设的情景，让学生深入情景中，更好地理解教学内容，此类教学方法适用于中小年级的学生，小学生具有想象能力强、思维活跃、形象思维占据主导的特点。此类教学模式遵循幼儿生长发育的特点，遵循幼儿思维和情感发育的规律，是推进教学进度和教学内容的一种模式。此类教学过程结构特征为：教学内容通过身体活动，情景创设。教学规模多以小单元居多，有特定的情景推进教学和课堂进度。

发现式体育教学模式含义和其教学指导思想也被称为"问题解决式教学模式"或"创造式教学模式"等，是主张通过体育教学，使学生既懂又会，并使学生通过学习运动的原理，掌握灵活的运动学习方法，提高体育教学"智育"因素。这种理性的为终身体育服务的教学模式，主要遵循在体育教学中学生认知的规律来考虑教学过程。教学过程结构特征为：教学过程一般有问题提出、验证学习、集体讨论、归纳问题、得出结论等几个学习阶段，运动的学习和练习则紧密地穿插其中，多采用提问、设疑、讨论等教学方法。

主动性体育教学模式含义和其教学指导思想是一个概念比较宽泛，类型多样的一类教学模式，"主动性教学""自主式教学""自练式教学""学导式教学"等大概都属于这类教学模式。这类教学模式主张尊重学生的自主性和自发性，强调给学生以自主学习的空间和机会，培养学生的学习积极性和主动精神。教学过程结构特征为：都有一个可以让学生发挥主动性的教学环节。

成功体育教学模式含义和其教学指导思想也经常被称为"成功体育教学模式"，是近年来在国内"成功体育"教学思想指导下开始逐步形成的教学模式。这种体育教学模式主张让每个学生都能体验运动学习乐趣，积累小的成功为体验大的成功，以形成学生从事体育运动的志向和学习自信心的教学模式。教学过程结构特征为：在单元的前期和后期都有一个经过改造过的练习方法或比赛方法。这些方法多采用"让位""相对评价"等手段将练习和比赛变成一个使技能好坏的同学都能参加和享受成功乐趣的活动。

选择式体育教学模式是通过以学生为教学主体，利用学生对整体教学过程的把控进行的教学模式。学生在教学活动中选择教学内容、教学参考、学习伙伴和学习难度等因素，进行自主选择，自主评价，充分调动学生的教学的参与性，满足学生在日常体育教学学习的需求。在教学过程中，学生发挥主导作用，教师依据学生需求进行授课和引导，此类教学过程结构特征为：教学内容选择具有灵活性，此类方法适用具有一定学习能力且具有良好的知识储备的高年级学生。

领会教学式含义和教学思想是由 20 世纪 80 年代英国学者提出的一种教学过程结构。这类教学结构最初是关于球类改造教学运用的。它的主导思想是通过从整体出发，从整体领会运动主旨和方法，改变只追求细枝末节、本末倒置的技能。领会式教学方法重视学生对运动项目的整体把控，从整体方向提升球类教学质量。此类教学过程的特征为：在单元教学上，从过去的局部教学、分解教学到最终的整体教学变为逆向的从整体到部分，从整体到局部的学习。

第六节　体育教学模式群结构研究

教学模式根据教学目标、学生特点、学校软硬件条件等变量组合成多种多样的教学模式，教学模式的选取需要根据特定变量组成的相对完善的系统。在高校体育模式中，我们需要考虑更多是教学规律和教学条件对教学模式的影响。因为在不同的教学模式中，单一或多种教学模式对教学目标具有直接的影响，为了使教学模式符合学校教育目标，需要充分考虑其合理性和操作性。

对于体育教学的构建群问题，首先不是以一个单一教学模式进行讨论，而是需要考虑多种教育模式的结构和特点。我们需要考虑体育教学群结构所能够解决的问题，是将教学目的作为构建体育模式群的目标，我们教育理论体系经过 20 年的发展，教学目标研究已经具有清晰的观点和理论。其次，我们想要解决教学目标问题的同时必须要遵循其规律，找到其根源。

体育教育模式是一项科学严谨的理论，它以教育理论为基础。教育模式群结构也必须以教育理论为基础。根据广冈亮藏先生对教育模式的阐述看出，教学模式有好坏、高低之分。突出整体性、系统性的学习模式，强调学习的完整性可以称之为是高级教育模式。以被动接受性的教育模式为主是低级教育模式，它主要是忽略了系统性学习带来的优势，忽略了教育体系对个体教育带来的影响。因此，笔者认为，教育模式应该具备其过渡性，其基本结构如图 4-3 所示。

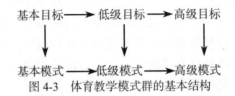
图 4-3　体育教学模式群的基本结构

构建出的体育教学模式群不能仅仅表达体育教育的模式，而且需要将其具体化。根据研究表明，每一种模式都有其合理的改变，而这种改变依据其最初的模型。也就是说，某种教学模式的"变形"是该模式衍生，同时优于同等级别的教学模式。体育教学模式群结构如图 4-4 所示。

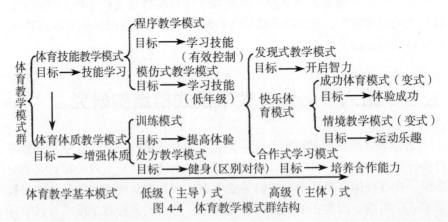
图 4-4　体育教学模式群结构

不同的体育教学目标有不同的体育教学方式，也有不同的体育运动效果。通过对体育教学模式的分析和研究发现，体育技能教学模式从单一的模仿式教学和处方式教学模式，逐渐发展成合作式成功体育模式和合作式体育模式。最初的体育教学模式群结构是体能学习、体能训练，逐渐演变为认知学习、认知训练等精神层面的学习和训练。体育教育从显性状态变成隐形状态，完成了递进和衍生。在教学规律方面来看，教育的本质是没有区别的，教育的目标是不同的，面向的人群也是不同的。虽然教育模式有差别，但是它们没有优劣之分，仅是功能不同而已，用不同的教育模式可以达到不同的教学目标。

通过分析可以得知，体育教学模式的快速发展，特别是新的领域和体育相关知识的完善，都在影响教学模式的变化，教学模式是在事件中验证和发展的，当面向的对象有权利选择不同的目标时，教育模式也应该做出相应的改变。例如快乐体育模式、合作式体育模式等。可见，体育教学模式不是固定的，它是在新思想、新需求、新发展中，为了满足不同的教育目标逐步成长起来的。

第七节　体育教学模式研究具体化趋势反思

体育教学模式是连接体育教学理论和教学实践的纽带，这种纽带决定了体育教学模式的特殊作用，决定了体育教学模式的重要性。毛振明的著作《体育教学科学化探索》中指出，教学模式研究需要遵循的以下六个方面：

建立依据；

建立稳定性；

建立操作性；

建立特性；

明确适应范围；

明确效果的评价。

从中可以看出教学研究立足于理论出发，但是向具体教学实践的方向靠拢，评价也是以教学效果进行鉴定。笔者认为体育教学研究发展具有多方向，但是总体目标、特点、出发点均是相似的，这一点在日后发展趋势中，也有不同观点，值得商榷。

一、模式的特征决定了它的研究不可能过分向实践靠拢

体育教学模式分为教学和模式，它是"教学"和"模式"的集合体，

它既包含了教学的目的、教学任务等教学因素和程序，又包含了模式，模式是固定的方法，具有可推广性和科学性。模式不是真正意义上的体育教学，而是对教学方法、教学思想的具体化和逻辑化。毛振明先生提出教育模式要兼容"教学"和"模式"，教学是把教育的抽象化变成具象化，而模式是将虚拟的、动态的教学思想理解为静态的"模型"。在"教育"和"模式"之间存在一个微妙的联系，需要找寻平衡点，做到两者兼顾。这个平衡点的存在，既保证了教学的高效性，同时也制约"模式"的理论发展，若这个平衡点缺失，导致教学模式过分的偏移，教学模式研究就变成了具体教学实践的研究。

二、规定体育教学模式的适用范围既无可能也没必要

毛振明先生认为："由于某一模式都有特定的功能和特性，所以它定有最佳适用范围，如适应什么学生水平（对象）、什么教材（内容）、什么条件等，只有明确这一点才能使教学模式更有针对性、更有生命力。"诚然，任何教学模式都有它的最佳适用范围，但教学模式与学生水平、教材内容、教学条件的适用关系并非一一对应，甚至可以说两者之间根本没有直接的联系。教学模式与学生水平、教材内容、教学条件之间存在着一个中介者，即教师。教师根据学生水平、教材内容、教学条件选择了一种教学模式或教学模式组合，他们之间的联系才建立了起来。脱离具体的教学过程来谈论体育教学模式的适用范围，在哲学思维上属于形而上学的静止观。体育教学模式的适用范围是处于不断变化之中的，在一个教学模式中规定它的适用范围是不可能的。

三、教学模式的可操作性不同于具体教法体系的完整性

毛振明先生认为要建立体育教学模式的可操作性，"这主要是确定与教学过程结构相对应的具体教法体系"，使教师都能通过对这些教学方法的使用来完成这一教学过程，而并非还要自己去寻找方法[1]。这里毛振明先生扩大了体育教学模式的内涵，模糊了体育教学模式与体育教学方法的界限，把体育教学模式中的操作要求和基本程序等同于体育教学方法。

---

[1] 毛振明.体育教学科学化探究[M].北京：高等教育出版社，1999.

第八节 体育教学模式研究的现状与未来发展

根据体育教学相关领域的研究进展和文章发表数量来看，研究主要有三个阶段：第一，在 1997 年之前，我国的教育理论体系是借鉴国外的优秀教育理论，如苏联模式。在此阶段，国内体育教育的模式是直接拿来使用，没有任何修正。第二阶段在 1998 年后，我国的教育成果开始展现，一大批学者开始研究我国的教育领域问题，并取得了初步的进展。第三阶段在 2000 年以后，各个研究学者的理论成果逐渐增加，观点和教育成果百花齐放，百家争鸣。

从体育教学研究的相关人员的研究领域和从业经历来看，大多数是教育理论研究者，而从事体育实际教学模式研究的人数较少。有时候研究教育理论时，部分学者之间还发生有课题重叠、课题重复等情况，这样的研究耗费了大量的人力物力，成果缺乏实际意义。

在体育核心期刊公开发表的文章中，体育教育模式理论研究已经成了一种趋势，而对体育教学以及实验教学中的论文还是相对较少。大量的文章中关于体育教学理论，此类文章内容相似，风格相近，所阐述的理论仅仅是理论缺乏实践性的验证。而在不久的将来，从事实验研究以及体育教学时间的研究会成为一个热点和重点。

体育教学理论的研究是一个循序渐进的过程，在任何领域的研究，每一项成果都是曲折的，是循序向上的。体育教学模式研究也是类似的道理，在之前阶段对体育教学模式盲目研究，导致存在一些缺陷，主要是教学模式不科学，不合理的规划和验证，便进入大众的视野，以期待后续研究者将其进一步深化和不足。体育教学模式未来以下几个方面受到重视：①深化教育理论与教育实践的相结合问题；②以学生为出发点，针对学生本身的自主性学习的研究；③注重体育教学模式的评价研究；④重视体育教学模式的优化与选用策略的深化研究。

第九节 体育教学模式的走向

在 20 世纪 80 年代，体育工作者在国内外教育理念的冲突背景下，开始了符合我国当代的体育教学模式探索进程。经过漫长的摸索，各个流派的专家和学者取得了一些成果，形成各自的体育教学模式理论，这些理论是立足于当下，符合我国青少年生长发育特点制定的，大大地丰富了我们基础理论教育体系的空白，形成了从体育教学方法，教育评价，教育内容等多位一体式教育体系。但是，体育教育是随着时间发展推移改变的，过去的教育模式或多或少存在一些问题，主要表现在以下几个方面。

一是教育理论是在教育实践中总结而出的，而教育实践活动又检验着教育理论，二者相互依存，相互补充。在特定时期的教育实践活动中，教育的实施者根据学生的特点，总结出相应的教育理论和教育思想。这些教育思想反映的是过去的教育方法和教育内容。在当今时代，科技和知识的快速发展，体育知识的日新月异更新，过去的教育模式无法满足高速变化的时代需求。教育理论和教育模式必须匹配教育内容的发展，否则，教育模式会失去效用。

二是截至目前，教学模式如夜空繁星，但是在实践中，能够发挥实际作用的凤毛麟角。此外，多种教学模式互相穿插，相互渗透，缺乏成熟的理论体系，分类无章。

三是体育教学模式结构单一，只注重对某一阶段的学生知识问题进行探讨和分析，在技能水平和训练方法上显得不足，对学生的自我学习能力训练和学生学习的积极性缺乏足够的重视和培养。此外，教学模式对学生个人的情感、素养、人格均得不到足够的重视。

四是各种体育教学模式理论内容较充分，但是缺乏该理论的使用条件和评价办法。

在历史进程中，课程改革的背景下，学生的教育发展和教学质量引起了社会各界的关注。在未来，一些新型的教育理念值得我们期待：

第一，教学新理念的形成指引着教育模式的改进，新时代中教育理念是"尊重学生个性化发展"和"以人为本"的新思想，未来教育模式更加注重学生能力的培养，以学生为中心，教师为指导，引导学生自由、自尊、自信地新模式发展。

第二，在新时代的社会发展中，体育教学目标是从过去地如何教授知识，学会知识，掌握知识变成现在的如何培养学生的自主创新能力，培养学生对体育兴趣以及保持和发展健康生活体能等多方面、多维度。教育的内容是在实时改变的，而教育的理念是不变的。传统的教育模式忽略了学生在教育过程中所扮演的角色，被认为是教育的被动接受者。而在当代，学生被赋予了教育的选择权，选择适合他们的教育方法，选择他们自我兴趣爱好，以满足在校园和社会中自我发展的需求。

第三，在我国高校面临的实际教育问题中，高校教育模式的研究重点是集中考虑教育理念和教育方法。在中小学体育教学模式中，更加注重小单元的授课模式和授课结构安排。

第四，不同体育教学模式，所依存的客观条件不同。在众多高校中，学时和授课内容以及学校体育设施的差异性，导致学校教师所面临的体育教学不同，不同的教育场景采用不同的教育模式。在教育模式的发展中，其可操作性、便利性会得到重视。

体育教学模式的研究还要体现多种因素影响下的多样性与多变性，即应该考虑如何在不同学校条件、不同的教学时数、不同教材内容、不同教学对象以及不同班级规模等具体体育教学的情景下，采用不同的体育教学模式，提高可选择性和可操作性。

第五，在教育学领域，各种教育思想和教育方法百花齐放。当前在教育领域，国内外教育方法取得了丰硕的成果，各个国家地区采用不同的教育模式进行培养，在未来，如何利用国内外的先进教育理念和教育成果是新的体育教育理论的发展。

第六，体育教育从过去的理论研究，转变到实证研究，需要更加注重其实际效果，主要参考其实用性和可评价性。体育教学的本质是不变的，在于更好地提供基础知识教学和实际体育能力的培养。其来源于当今时代对高校学生的希望，是时代选择的，也是学生希望的。

第十节 要正确"认识和运用体育教学模式"

许多教育学家在当今提出各种各样的教育理论，有些专家通过分析传统学科的教育理论来解决体育教育的问题，体育教育有其独特的背景和目的性。众多的教育理论、教育方法、教育体系让体育教师眼花缭乱，手忙脚乱，纷纷感到无所适从。更有学者提出"有教无类"的思想，实行中学体育模式，让体育老师无从下手。体育是实践性的课程，需要学生、学校、家庭、社会等多方面的配合和努力，才能打造出体育学习的效果。学生体育方面的发展还和学生身体的基本素质有密切的关系，学生通过教师的指导，课后加以训练才能够良好的学习。学好体育课程的难度，是包括身体、心理、天赋等多方位于一体的课程。而传统学科的学习需要考虑后天的努力就可以弥补，但是在体育学习中略有差异。体育教育模式是具有实践性、科学性的系统工程，部分学者提出"当代体育教学模式""情景学习模式""自主体育锻炼模式""导向型教学模式""看、听、想、练、议体育教学模式"等，这些模式教育方法理念不同，侧重点不同。

众多的体育教学模式各自有不同的侧重点和基础点，教育理论的多层次、多样性以及重复性导致相关教育模式互相渗透，互相补充。教育是在变化中寻找规律，在实际中验证规律。有些规律是换汤不换药，以不变的眼光去解决发展的问题。无论观点如何，方法如何，可以解决当前面临的教育问题，才是好的教育体系。研究体育教学体系时候，应该注意以下几个方面。

第一，要清晰明确的了解，当前面临的问题以及情况。过去的教育理论存在是满足当时的情况。体育教师应当分析以下几个问题：第一，教育理论是否可以解决现在所面临的问题；第二，理论是否已经过时，是否需要再进行改进；第三，是否满足当代学生的教育诉求和学生的体育发展计划；第四，采用特定的体育教学计划是否对当代学生的日后身体健康以及素质发展有较大的提升。通过思考上述的问题，可以清晰的判断，教育方法是否具有参考意义，并付诸于实践。

第二，合理的总结教学经验，选择合理的教学模式。由于已有的教学模式在不同的学习目标，学习内容中，发挥不同的效果，面对的学习者也不具有连续性。因而，部分教育模式存在着局限性和实时性。一般，他人的教育成果无法解决所有的问题，只能起到参考，选择各自的教育理论，教育方法。饱览百家观点，结合自己的经验，取其精华，去其糟粕，发挥教师的主观能动性，多思考，多探索，形成自己的教育体系。

第三，教育模式的形成具有特定的时间背景，历史背景以及适用的特定范围。教育模式是满足在特定的时间段，面对某类特定的群体，发挥了重要作用的教学方式。在教学模式选择中，需要考虑现在的实际情况，如学生特点、班级人数以及学生性格。教师需要根据过去的传统教学模式进行重新升级在创造。这样循环演进的教学模式可以不断的弥补过去的缺点和不足，不断地完善。

第四，教育模式的选用需要注意其合理性，教育模式是一套系统的理论工程，选取某种教育模式往往遵循其法则，科学合理地运用教育模式。每一种教育模式都有其局限性和不足点，要防止片面的学习和运用教学模式，不要过分的崇拜和盲目的相信所谓的教育模式，要科学的审视教学模式，以提高教学的效率。体育教师作为教育的实施者，是以学生接受程度为优先考虑点，从实际出发，理论结合实际，好的教育模式应该推动体育教育的质量提升，不好的教育模式应当舍弃。对待体育教学内容和理论应当起到参考和改进的目的，以实际经验为准则，从学生角度出发，选择科学合理的教育模式。

第五章 普通高校体育教学方法

在体育教学中，如果教师能够很好地运用教学方法，那么无论是激发学生的兴趣还是完成教学目标，抑或是教师把控教学现场，以及实际的体育教学效果，都会受到十分积极的影响。因而在现代体育教学中，经常尝试教学改革，其目的就是用更加合适的教学方法完成教学任务。本章主要针对体育教学方法的基本理论、体育教学方法的选择与应用、体育教学方法的发展与改革进行详细阐述。

第一节 体育教学方法基本理论

一、体育教学方法的含义

体育教学方法具体是指在体育教学过程中，为了达到体育教学目标和实现体育教学目的而由师生所采用的可操作性的教学方式、途径和手段的总称[1]。本书针对体育的含义，做了下面的分析。

（一）体育教学方法是"教"与"学"的统一

体育教学方法将教与学统一起来，要想最大限度地将体育教学方法的价值和作用发挥出来，必须实现有效的双边互动。简单说来，体育教学活动分为两个层次，即"教师的教"和"学生的学"，教学活动的主体是教

---

[1] 曲红军. 论体育教学方法的分类与选择：优化的视角 [J]. 山东师范大学学报，2003（10）.

师和学生。针对学生特点选择和运用相应的体育教学方法和手段，在教学过程中，教师和学生之间有着密切的联系，师生之间的互动也是双向的，通过互动最终实现教学目的。因而，教和学是始终贯穿体育教学方法实施过程的两方面内容。

（二）体育教学方法是师生动作和行为的总和

在师生互动的过程中，能够从头到尾贯穿其中的就是体育教学方法，它也是师生之间行为动作总和的体系。与其他教学科目相比，体育教学方法不仅重视语言教学，也重视动作要素，而且对动作要素的重视程度超过了语言要素。在体育教学过程中，熟练掌握每一个动作都离不开教师的示范、讲解和纠正，学生要想最终掌握相应的技术动作，必须在此基础上反复进行练习。因此，体育教学方法是教师和学生的动作和行为的总和。

（三）体育教学方法与教学目标不可分割

每种体育教学方法都有相应要实现的教学目标，如果脱离了要实现的目标，体育教学方法的意义也就不存在了。应该重视体育教学方法与体育教学目的之间的联系，在此基础上，使两者之间联系密切。如果能够很好地运用教学方法，那么实现体育教学目标和任务就更加容易。也就是说，体育教学方法是为了教学目标的实现以及教学任务的完成服务的。体育教学方法和体育教学目标之间紧密相连、不可分割，两者一旦分割，体育教学方法会失去方向，表现出盲目性，体育教学目标和任务也将不能更好地实现。

（四）体育教学方法具有多元功能

在现代体育教学中，教师的关注点不应仅放在学生对动作和技术的掌握程度上，而应该将眼光放长远，关注学生的身体健康以及心理素质，从全面发展的角度来审视学生，审视自己的教学成果。因此，体育教学方法的功能是多元的，无论是在增强学生体质上，还是学生的思想道德、心理素质方面，都要发挥应有的作用，从而促进学生的全面发展。

二、体育教学方法的分类

在现阶段，学界对教学方法的划分有很多标准，但大多数的学者将体育教学方法划分为教法类、学法类以及练法类三种类型。

（一）教法类

1.知识技能教法

（1）基本知识的教法

基本知识包括体育的相关理论、体育保健类知识等。体育基本知识的教学方法类似于其他学科的教学方法，根据不同的分类依据可将基本知识的教学方法分为不同的类别。

在体育教学活动中，教师是组织者，同时引领着教学。因而，合理有效的教学方法要在教学过程中多多发挥作用。教师不仅要对教学的情意活动多加注意，还要注意发挥教学方法的多功能作用，关注学生的底层知识储备，关注体育教学方法的选择。无论是对教学知识还是体育活动都要兼顾，教学方法要可操作。

（2）体育技能的教法

在一般意义上，体育技术技能的教学方法与一般运动教学方法无二，但是与别的学科差异较大。每种教学方法对应要实现的教学目的各不相同，因而教学方法的选择要与具体的教学目标相结合。首先要确定相应的教学目标，使学生明确运动是为了什么。其次，要明确教学的内容，并能够通过一定的教学渠道达到教学目标。如果体育教学目的和体育教学内容不同时，那么采取的活动方式也有所差异，此时需要不同的教学方法来进行动作训练指导。因此，在进行体育教学时，要采取灵活多变的教学方法，应对发展变化的各种教学情况。

2.思想教育法

对学生思想道德的教育和美育的方法是思想教育法，体育教学的重要任务之一就是对学生进行思想道德教育。在开展思想教育的时候，如果要想达成理想的教学效果，就要选择合适的体育教学方法。如果能够运用合适的体育教学方法，就必然会适应体育的发展特点。运用体育教学方法时，学生也会跟着发生很大的变化，在这个过程中，无论是对于培养学生的意志方面还是对于学生个人的发展，都能产生重大的影响。大学期间正是学生价值观的形成阶段，上好体育课对学生价值观的形成同样重要。学生的探索性和创造性思维也得到了培养。

（二）学法类

学法类是指指导学生学习的方法，它也是体育教学的重要内容。在体育教学的过程中，指导学生学习的方法应该对以下两方面内容多加注意。一方面是前人积累的知识和总结的经验，要确保学生能够很好地掌握，在此基础上进一步发展；另一方面是自身的知识、经验与个性特点。学生要将这两方面结合起来，最终形成终身体育意识，且拥有相应的能力。

从整体来看，学法类的教学方法有着固定的目标。学生在这样的教学下，体育知识和技能可以得到提升，同时学生的学习愿望也会增强，从被动学习变成主动学习，并能灵活运用所学知识，将知识运用到将来的工作和生活中，使学有所用，最终形成良好的体育锻炼习惯。

（三）练法类

体育教学有一种教学方法最具本质特征，这种方法就是指导学生锻炼的方法。采用练法类教学方法，学生通过反复的练习可以改变身体素质，同时让各项运动技能加强。在进行实际操作时，如果学生能亲身去做运动训练，有丰富的活动体验，此时教学就会变得更加有效。通常，在教学过程中，锻炼身体的方法有很多种，每个人使用同一种方法产生的效果也不同。我们将学练法分为三个阶段。

1. 第一阶段

第一阶段为建立动作技术的直观表象阶段，其中主要采取的手段就是听、看、思、记等，也就是人们最基本的表象手段。这个阶段主要的目的就是实现相应的学习。其中会采取相应的教学方法，包括观察法、聆听法、探究法、形象思维法、归纳思维法、有意记忆法、理解记忆法、联想记忆法[1]。

2. 第二阶段

第二阶段主要是为了实施运动技术，并且对运动技术做出矫正。具体的操作方法有模仿练习法、分解练习法、完整练习法、表象练习法、重复练习法、变换练习法、间隙练习法、游戏练习法、循环练习法等。

3. 第三阶段

第三阶段主要的目的就是为了使动作更加娴熟，使动作技能得到不断的巩固，从而进一步提高，具体方法有强化练习法、提高难度练习法、比赛练习法等。

除此之外，可以在教学过程中灵活运用各种教学方法，在不同的情况下进行不同的组合，或者单独选用其中一种，在实践过程中形成一定的方

---

[1] 楚丽娜. 对体育教学的创新主张——普通高校体育教学发展与改革探究[J]. 教育发展研究，2018（10）.

法体系。在教学过程中应该正确的引导学生，让学生熟悉各种练法的意义，同时学会选择适合自己的练习方法，进一步进行反复练习，越来越熟悉动作。

三、体育教学方法的特征

（一）多种感官集体参与性

体育教学活动结合了感知、思维和练习。因此，可以说参与教学活动中的感官有很多种，以便能够顺利地完成各种动作。在体育教学过程中，与其他学科不同的是，体育教学活动具有一定的特殊性，别的学科要求学生的眼、耳、手、脑、心合一，而体育锻炼则需要全身器官都活动起来，这决定了体育教学的特殊性。因而，教师的示范显得十分重要。学生学习时要运动多种器官来感知动作，教师要进行详细的指导纠正，最终形成正确的动作定式。

（二）感知、思维和练习有机结合性

在体育教学活动中，学生学习的认知过程相当复杂，在此过程中会将思维、感知、记忆和想象等结合起来，最终通过身体练习达到掌握动作的目的。因此，体育教学方法是将感知、思维和练习结合在一起。在结合的过程中，外界信息通过人体的信息接收器官传送到大脑皮层，在大脑中整理、分析和加工各种信息，然后大脑发出指令，人体器官接受指令并完成所要求的动作。通过不断重复某一动作，学生可以形成动作定式，最终使得动作朝着越来越自动化方向发展，并能熟练应用这些动作。在此学习过程中，如果能很好地感知信息，那么就能很好地完成动作学习。而完成整个学习，最核心的就是进行有效的思维活动，掌握动作技术的重要手段是练习。体育教学方法的使用，不仅是认识与实践的结合，还是心理与身体的结合。

（三）实践操作性

在体育教学，一个最大的特点就是实践操作性，这也是与其他学科教学所不同的地方。在体育教学中，教学方法和实践是紧密相连的。当然，教师更倾向于使用展示法，这种方法是对直观教学法和讲解法的借鉴，但是在具体使用的时候，需要对其进行调整，以便使其适应室外体育教学的环境、特点、学生队列情况等。

在体育教学中，一种重要的教学方式就是运动。身体运动使得学生对自己的身体认识更加清楚。当然，对于教学而言，教师一方面要考虑教学方法，另一方面要考虑学生的身体，以此为依据来选择与安排教学方法。一方面重视理论的作用，另一方面重视实践的作用，使学生既能掌握理论知识，又能身体力行，将学到的理论知识转化为实践，增加自己的实践经验。

（四）时空功效性

关于体育教学，人们将其划分为不同的阶段。在每个阶段中，体育教学都呈现出不同的特点，这些特点无论是对老师还是学生都能产生重要的影响。在刚开始教学时，教师起主导作用，学生跟随教师学习，随着时间的发展，学生学到的知识增多，此时的教师居于次要位置，学生主体地位提升。

在教学过程中，发挥重要作用的是教学方法和途径。在初始阶段，教师需要运用合理的方法激发学生的学习动机、兴趣和欲望等；为了使学生掌握一定的知识和技能，教师要采用讲解和示范等方法；学生在练习的过程中，要想对知识进行感知并进一步理解，在理解的基础上掌握知识，就必须借助一定的方法。总体来说，无论哪个阶段，不同教学方法会发挥出不同的作用，这就是体育教学中人们常说的时空功效性。

（五）运动与休息合理交替性

在体育教学过程中，学生会进行一定的学习，因而无论是身体上还是大脑上都会感觉到不同程度的疲劳，这使得学生的学习效率降低。尤其是学生在进行一些高强度的身体运动时，学生的大部分体能都会被消耗掉，此时，如果想要将剩下的教学活动正常进行下去，教师需要安排学生进行休息。

在学生学习的过程中，经过认知、理解、记忆等活动之后，学生的脑力会有所消耗，而相应的身体练习则会加剧身体能量的消耗，人体就会出现疲劳症状，增加运动的负荷，使学生学习变得消极。因此，体育教学方法比较重视运动与休息的结合，如此可以在一定程度上恢复学生的身体疲劳，使其保持高效率的学习。需要注意的是，休息并不一定是将活动暂停下来（消极性休息），一些可以放松学生身心、消除学生疲劳的轻松活动也可以称为休息（积极性休息）。教师在安排休息的时候，要注意结合积极性休息和消极性休息，以便达到最好的休息效果。

（六）继承发展性

体育教学实践是一个长期的过程，在这样漫长的过程中，体育教学方法也跟着发展，并逐步完善起来。这期间经历了不断的积累和创新，最终使体育教学方法形成了一个体系。在这个体系中，有旧方法的堆积，也有新方法的加入，无路是多么陈旧的方法都没有退出历史舞台，都发挥着或大或小的作用，为新方法的诞生提供借鉴，在此基础上，新的方法不断出现，体育教学方法体系不断得以完善。但值得注意的是，体育教学的方法有很多种，教师不能对现代化教学方法过于执迷，更不能刻板模仿国外的教学方法。在时代发展的大环境下，在体育教学具体实践的基础上，教育工作者应该积极发展创新教学方法。

四、体育教学方法的价值

（一）有利于推动体育教学任务的实现

在体育教学过程中，通过体育教学方法，可以将教师的教与学生的学联系起来。教学方法使教师能够有效教学，学生能够很好地接收学问，进而有利于体育教学目标的实现，完成体育任务。如果教学方法与实际不符合，那么也很难实现体育教学任务。

（二）有利于良好教学氛围的营造

在教学过程中，良好的教学氛围使教学效果更加明显。在良好的氛围下，学生心情放松，更容易接受知识，参加体育活动也更加积极。如何营造良好的教学氛围这就需要体育教师下一番工夫。此时，教师必须采用合理恰当的体育教学方法。同时，学生也会被良好的教学氛围所感染，更加主动参与学习，这样周而复始，最终形成一种良性循环。如果能在体育教学中运用科学的教学方法，那么，学生就会更加喜欢老师，因而更加信任老师，这样反过来就更愿意学习这门课程，更愿意跟随着老师学习新的内容，听从老师的指导，规范锻炼动作，使体育真正为学生服务。

（三）有利于促进学生身心的全面发展

良好的体育教学方法可体现出一定的科学特征，受到科学思想感染和熏陶的体育教师在进行体育教学时会采用科学恰当的教学方法，这种方法就会有利于学生的身心发展。相反，若是采用的体育教学方法不具备科学性，那么该方法产生的消极影响会阻碍学生的身心发展。在体育教学活动中，实施体育教学方法的过程与学生对体育运动技术体验和检验的过程是一致的。因此，教师要做的不只是将理论知识传授给学生，还要帮助学生内化这些知识，使其应用于实践，从而帮助学生的身心全面发展。体育教学活动不是纯理论的教学，学生在学起来相对不是枯燥的，因而在对学生学习兴趣的培养上，以及锻炼学生的意志方面，体育课的开展、体育教学的实施都具有十分重要的意义。

（四）有利于体育教学质量的提高

科学的体育教学方法善于综合利用各种有利的因素，燃起学生的热情，使学生学习的兴趣高涨，进而使其学习更加投入，使得其学习效率有所提高，教学质量也跟着提高。

第二节　体育教学方法的选择与应用

一、体育教学方法的选择

（一）选择体育教学方法的依据

1.体育教学目标

体育教学要达到多层次的目标，也就是要实现不同层次的目标，如身体发展目标、技能发展目标、社会发展目标、知识发展目标和情感发展目标等。如果采用了不同的教学方法，那么就有助于实现不同的教学目标。教学目标不能孤立存在于体育教学过程中。一般情况下，教学目标将多种目标综合在一起，每一堂课或者每一单元的重点教学目标不同。因此，在教学过程中，选择重点教学方法的依据是具体的课堂教学目标。体育教学总目标经过具体化之后就变成了具有很强指导性的课时教学目标。体育教学目标包括运动技能、运动理论、心理、品质品格等方面的内容，为达到不同的教学目标，需要采用不同的教学方法。

2.体育教学内容

体育教学内容与教学方法之间的关系十分密切，比如直观的示范操作方法适用于技术动作教学内容，语言法适用于讲解原理和知识结构方面的内容。针对不同的体育教学内容，教师要准备不同的教学方法，在不同的场景采用不同的教学方法。事实证明，根据不同的教学内容中采取不同的教学方法会使得教学产生不同的效果。因而，在进行体育教学活动时，应该灵活运用各种教学方法。

3.体育教学环境

在不同的体育教学环境中教师会采用不同的教学方法，也会产生不同的教学效果。教学环境包括场地器材、班级人数、课时数等。教学环境是一个比较小范围的环境，它会受到大环境的影响，这个大范围的环境指的就是社会文化环境。教学方法的使用会受到教学环境的制约性。例如，一些直观教学方法需要借助一定的教学器材才能实现相应的教学目标，而学校体育教学资源在一定程度上对教师采取的教学方法具有决定作用[1]。

在体育教学中，教师要对现有的环境充分利用。对于教学方法，教师要进行合理选择，最大限度地利用现有的场地和器材。

4.学生的实际情况

在教学过程中，学生是教学方法的实施对象，为了使学生能够更好的学习，因而教师会采用多种教学方法。因此，选择体育教学方法应该立足于实际，这个实际就是学生特点和实际情况。学生的实际情况比较复杂，包括年龄特点、性别特征、身心发育、学习能力等多方面。

学生的年龄段不同，身心发展的特点也有所不同。对于大学生来说，低年级学生和高年级学生之间的身心发展特点具有差异性。除此之外，性别的差异也使学生对体育抱有不同的态度。因此，教师作为教学中的引导者，要激发学生的热情，调动学生学习体育的积极性，让教学方法变得生动有趣。当然，在采用教学方法时，要注意个性化原则，因材施教，重视学生的经验、知识储备和学习能力的差异。对于提前做好准备工作的学生简单指导，不要啰嗦，对于基础较差的同学耐心指导，不要烦躁。学生身体素质的提高需要教师采用合理的教学方法。

5.教师的自身素质

丰富多彩的教学方法需要体育教师去实施，作为教学的主体，体育教师个人的素质对教学效果的作用是毋庸置疑的。如果体育教师能力有限或素质较低，那么就只能在较低程度上将教学方法的作用发挥出来，因而对教学活动产生消极影响。因此，教师只有在客观理解自身专业素养、能力水平和教法特点的基础上，才能选择与自身相应的教学活动。

一般情况下，体育教师熟练掌握的教学方法越多，在进行具体的教学过程中，选择的空间也越大，教学方法运用起来也更加得心应手。结合学生

---

[1] 卢其宝，汤凯军，李少群.普通高中男女体育教师比例失调应引起关注[J].中国学校体育，2007（2）.

的实际，选择不同的教学方法应用在不同的学生身上会产生不同的效果。这在客观上要求教师必须充实自己，运用教学方法时也更加灵活自如。所以教师应该提高认识，严格要求自己，不断丰富自己的理论储备，丰富自己的教学风格，勇于尝试和掌握更多的教学方法。

（二）具体的教学方法

1. 语言教学法

语言法是指在体育教学中，运用各种形式的语言，指导学生学习与掌握学习内容的方法。体育教学中语言教学法的具体运用方式有讲解、口令与指示、口头评价与口头汇报等。

在体育教学中应用不同的语言教学方式，需注意不同的要求，具体见表 5-1。

表 5-1　语言教学法应用的要求

语言教学方式	应用要求或注意事项
讲解	（1）讲解目的明确 （2）讲解内容正确 （3）讲解生动形象 （4）讲解时机恰当 （5）讲解有启发性
口令与指示	（1）声音洪亮、清晰，节奏适宜 （2）口令准确、及时、简洁，以正面词为主 （3）节奏适宜
口头评价	（1）以正面鼓励评价为主 （2）否定评价要有分寸 （3）提出改进方法
口头汇报	（1）做好准备 （2）提问内容、时机、方式准确
默念与自我暗示	（1）语言准确、简洁 （2）有激励效果

2. 直观教学法

直观法指在体育教学中教师通过实际的演示或外力帮助，借助学生的视觉、听觉、触觉、肌肉本体感觉器官来直接感知动作的方法。体育教学中常用的直观教学方式有动作示范、直观教具与模型演示、多媒体、定向与领先等。

在体育教学实践中应用不同的直观教学方式，要注意不同的要求，见表 5-2。

表 5-2 直观教学法应用的要求

直观教学方式	应用要求或注意事项
动作示范	（1）示范目的明确 （2）示范位置合适 （3）示范动作正确 （4）配合讲解结合
直观教具与模型演示	（1）演示目的明确 （2）演示方式适宜 （3）演示时机恰当 （4）配合讲解、示范
多媒体	（1）播放内容符合教学目标要求 （2）配合讲解、示范、练习
定向与领先	合理设置视觉标志

需要注意的是，在教学中使用直观示范的方法时，教师与学生必须保持相对合理的站位，否则学生看不到或看不清示范，示范就变得毫无意义了。以游泳教学为例，教师与学生的几种站位方法如图 5-1 所示。

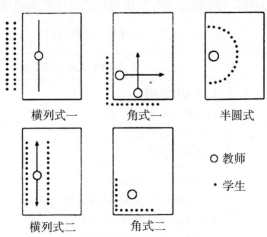

图 5-1 游泳教学示范的几种站位方法

3. 完整教学法

从动作开始到动作结束，如果进行了完整的教学，这就是完整教学法。

通常，这样的教学方法适用于那些比较简单的技术动作。这类技术动作不需要分解就会使人一目了然。除了这种情况，教师会在首次示范某一动作时采用这种方法。完整法的优点：动作协调优美、一气呵成，结构简单，较少对方向路线进行改变、各部门间的联系比较密切。完整法的缺点是不适用于复杂技术动作。

为了方便学生的学习，更好地开展教学活动，应注重以下问题：首先，对于简单和易于掌握的动作技术，教师在教授时要将动作完整地示范出来，之后，学生直接练习完成完整的动作。其次，对于无法分解的技术动作，也可采用完整教学法。需要注意的是，使用该方法时要分析各项要素，而且不能对细节过分纠结，要把握动作的完整性和流畅性。再次，对于难度较大的动作，可以降低动作的难度或徒手完成动作，慢慢增加难度。最后，可以先改变外界环境，然后在外界条件的帮助下采用完整法进行教学。

4.分解教学法

分解法是将一个动作分成几个部分，让学生逐步掌握完整技术动作的方法。对于动作难度较高、需要分解的动作来说，这种方法更加适用。采用这种教学方法能够对复杂的动作进行分解，降低动作的技术难度，以便学生学习和掌握。但是，这种方法比较注重对分解动作的掌握，相对忽视了对动作的整体把握，因此分解教学法和完整教学法通常结合使用。

在体育教学中应用完整法与分解法的形式及注意事项见表5-3。

表5-3　完整与分解教学法的应用

教学方式	应用形式或注意事项
完整教学法	（1）直接运用 （2）降低难度 （3）改变练习条件 （4）强调重点
分解教学法	（1）建立完整动作概念 （2）根据动作技术特点来分解 （3）不破坏完整的动作结构 （4）明确各部分的重要性

5.预防错误与纠正错误教学法

预防与纠正错误法是在动作技能教授过程中，针对学生学习与掌握运动动作中产生的错误动作及其原因，预先在教授中及时采取有效的手段措施，防止出现和及时纠正学生错误动作的方法。预防与纠正错误法的应用形式有以下几种。

（1）强化概念法；

（2）信号提示法；

（3）降低难度法；

（4）转移法；

（5）外力帮助法等。

6. 游戏教学法

游戏法是在规则许可的范围内，充分发挥个人主动性和创造性，完成预定任务的方法。游戏法在体育教学中的应用要点如下。

（1）游戏内容、形式符合目标要求；

（2）明确游戏规则，发挥学生的主动性；

（3）游戏裁判客观、公正。

7. 竞赛教学法

竞赛教学法是指在比赛的条件下，组织学生进行练习的方法。竞赛法在体育教学中的应用要求如下。

（1）适时运用；

（2）明确竞赛目的；

（3）合理配对、分组。

（三）选择体育教学方法的注意事项

1. 注意师生之间的协调配合

在体育教学过程中，教师和学生之间的配合十分重要，配合的默契与否是能否取得良好教学效果的重要保证。教学过程中同时存在"教"与"学"，不存在没有"学"的"教"，也不存在没有"教"的"学"。因此，教师如何教和学生如何学是重要的问题，无论采取什么样的教学方法，这两个问题都不能忽略。

在传统的体育教学过程中，没有将教和学摆在正确的位置，也没有将教师和学生放在平等的地位上，过分突出教师的地位，跟着也就过分重视教的地位。在进行教学方法的研究上，也将注意力主要放在教师"如何教"的问题，而没有从怎样让学生好好学的基础上出发来想问题。举个很简单的例子，体育教师在进行动作的示范时，可能只想到如何使这个动作更加优美协调，使学生看得清晰，但没有从学生的角度出发，让学生自己做出动作，并观察讨论动作是否规范。这样的话就使学生的学习效果不佳，教学活动的开展也不能顺利进行。因而，进行体育教学时，要同时关注教和学两个方面，使师生之间相互配合，只有这样才能取得比较好的教学效果。

2. 注意学生内部与外部活动的配合

学生学习的过程是内外活动的综合体现。内部活动包括学生的心理活动、各种生理生化反应等，外部活动包括学生的动作质量、情绪状态、注意力等。在选择教学方法时，首先，需要多加注重内外部活动的配合程度；其次，教师应该对学生内部活动和外部活动变化多加分析，运用一定的教学方法激发学生的内部活动，同时用合适的方法指导外部活动，使学生参加体育学习的积极性更高；最后，应该对比分析各种教学方法，从中选择最优的教学方法。在教学过程中，应确定什么样的教学内容适合用什么样的教学方法，什么样的教学方法能解决什么样的教学问题，什么样的学生使用什么样的教学方法效果最好。

3. 注意不同学习阶段的前后配合

学生在学习过程中，每个阶段表现出来的特点各不相同。学生在不同阶段学习的知识是需要前后配合的，在应用体育教学方法的时候需要对此进行考虑。例如，在动作学习过程中，应该注重将"模仿型"过渡为"创造型"，并将二者有机地结合起来。

学生在学习的时候经历了从不了解到熟悉的过程。在刚开始学习的时候，主要的学习方式是模仿学习，一段时间之后，学生会形成动作定式而完全摆脱模仿，完成"模仿型"到"创造型"的过渡。这两个阶段之间有一定的联系，又有一定的区别。因此，在运用教学方法的时候两者既不可相互替代，又不可完全分开。

二、体育教学方法的运用

（一）体育教学方法可供选择的体系

有学者结合教育学中有关教学方法的原理，根据现代体育教学改革的特点与变化特征，并依据体育与健康课程标准目标，认为体育教学方法体系应包括图 5-2 所示的几个方面。

体育教学方法体系
- 体育健康知识和运动技术理论教学方法体系 { 讲解法、谈话法、问答法、讨论法、比较法、归纳法等
- 运动技术教学方法体系
  - 泛化阶段教学法 { 情景置疑法、启发法、发现法、直观法、示范法、多媒体法、模拟法、辅助练习法、暗示法、比较法、分解法、预防错误动作法
  - 提高阶段教学法：纠正错误法、部分完事练习法等
  - 技能巩固阶段教学法 { 重复练习法、变换条件法、完整练习法、自练法、过渡练习法、强化法、比赛法、循环练习法等
- 发展学生体能方法体系 { 负重法、持续法、间歇法、游戏法、综合法、比赛法
- 激励与评价运动参与方法体系
  - 激励法
    - 兴趣激励法：成功教学法、愉快教学法、需要满足法、教学引趣法等
    - 动机激励法：目标设置法、创新情境法、积极反馈法、归因教育法、价值寻求法等
  - 教育法 { 说服法、激励法、榜样法、评比法、表扬法、批评法等
  - 评价法 { 积极评价法、鼓励评价法、对比评价法、信息反馈法、自我评价法等
- 发展学生心理方法体系（包括社会适应能力） { 个别与集体指导法、个性培养法、自学法、自练法、差别教学法、分组轮换法、合作学习法、分层教学法等

图 5-2　体育教学方法体系

由图 5-2 可知，体育教学中有很多教学方法可供选择，教学目标不同，课次不同，可选用的方法也有一定的差异。

（二）体育教学方法优化组合的程序

（1）进一步明确体育教学任务。选择教学方法的主要依据是教学任务和教学目标。因此，在教学过程中，要分析和细化一堂课的具体教学任务，将详细的任务规划制定出来。

（2）联系实际情况提出总体设想。通过对以下内容进行分析，得出教学方法的评估结果。这些内容包括教学任务、教学内容、学生的具体情况和教学的外部情况等。评估时，一般要把教学方法的可行性作为

参考标准。

（3）优化组合多种体育教学方法。将教学方法详细地制定出来，并将具体方式和细节作出补充，对各种教学方法进行分析，使该方法尽量完善。以此为基础，在教学实践活动中使用优化组合后的教学方法。

（4）对优化组合的教学方法进行评价。在体育教学过程中，需要跟踪了解教学方法产生的实际效果，通过学生的反馈了解具体情况。还要归纳和分析研究教学方法的反馈信息，并且及时调整相应的教学方法。在此后的教学过程中，为了不断优化教学方法，教师还要不断对经验和教训进行总结。

（三）体育教学方法优化组合的模式

不同的体育教学方法有各自的优势，会产生不同的运用效果，在体育教学中要依据体育教学目标对各种方法进行优化运用，优化模式参考图 5-3。

（四）运用体育教学方法的注意事项

1. 注意体育教学方法效果的影响因素

在合理运用体育教学方法时，如果教师能和学生进行良好的配合，那么就是事半功倍，教学效果会达到更佳。当然，使用教学方法的主体是教师，教师个人素质对教学效果的影响巨大，如果一个教师有着丰厚的知识储备、很强的人格魅力，加上高超的教学技艺，那么在体育教学实践中，同样的教学方法会在这样的教师手中更散发出强大的魅力。因而，教师个人的素养提高对教学方法发挥作用意义十分重大。

需要特别注意的是，体育教学中教师与学生之间互动频繁，其中一项重要的互动就是双边互动，教学方法的运用效果在很大程度上受学生的影响。与此同时，学生能动性的发挥情况也会在很大程度上影响教学方法的运用效果。例如，如果学生对于体育课的兴趣不大，学生在课堂上往往无法集中注意力，即使体育教师的动作示范是正确、优美、生动的，学生依然没有参与课堂学习的积极性。

体育教学方法的运用效果除了受教师和学生的影响，还受体育教学物质条件和环境的影响。例如，在篮球教学活动中，在室内塑胶场内进行教学和在室外水泥地上进行教学，学生奔跑和起跳的心理状态是完全不同的，学生在室内塑胶场地起跳落地时，能够做出一些保护动作，防止受伤。因此，在强调教学主体主观因素的同时，也要重视客观环境因素（比如物质、环境等）。

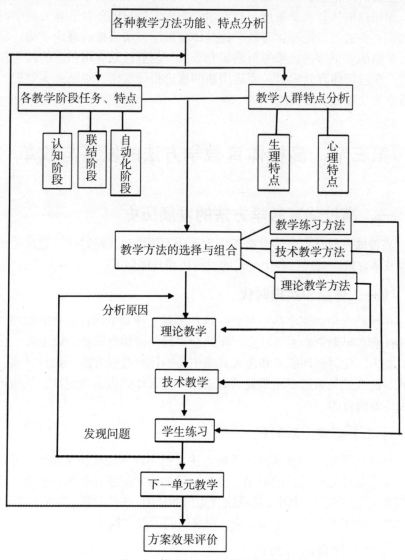

图 5-3　体育教学方法优化模式图

2. 注意体育教学方法有关理论的运用

理论通常是对实践经验的总结，体育教学的理论也是如此，是经过反复的体育实践得出的结果。但是，理论又高于实践，比一般的实践更加科学，是科学总结体育教学实践的结果。在探讨体育教学方法时，必须兼顾理论和实践两个方面。

在体育教学过程中，体育教学理论是基于几个主要的理论建立的。

这些主要的理论包括：辩证唯物主义与唯物辩证法的基本观点；系统论原理，深化理解体育教学系统；教育学、心理学等与体育教学有关的学科理论知识；普通教学论和体育教学论是体育教学方法直接的理论基础；对当代各学科的先进理论成果进行借鉴和吸收，创造性地应用相应的理论和方法[1]。在进行体育教学时，要运用新的理论指导工作，不断充实思想，使得教学方法充分发挥效能。

第三节　高校体育教学方法的发展与改革

一、高校体育教学方法的发展历史

高校体育教学方法的发展历史主要分为体操和兵操时代、竞技运动时代以及体育教育时代，各个时代的发展历程具体如下。

（一）体操和兵操时代

传统社会中，军事战争频繁，这在客观上推动了体育运动的发展。在封建社会和早期资本主义社会，军队会进行一些体育训练，以增强士兵的作战能力。此时，训练式和注入式是主要的体育教学方法，比较单调。训练式和注入式是通过不断重复训练动作，使人体产生运动记忆，从而达到增强体能的目的。

（二）竞技运动时代

从近代开始，竞技运动随着资本主义的不断发展而快速发展，并且大大增加了竞技运动项目的数量。竞技运动的指导思想是平等、公平，并且将很多文化因素融入其中，使其饱含生机和活力。在此阶段，出现了演示法、观察法、小团体教学法等新方法，明显提高了教学效率。

（三）体育教育时代

在此阶段，现代体育发展迅速，并逐渐在学校教育中立足，成为其中重要的组成部分。体育被归纳为文化现象的一种，体育知识和技能发展迅速，并将健康教育、心理训练、安全教育、体育资讯等内容纳入体育的范围，拓展了体育的内容。无论是体育教学的内容上还是方法上，都逐渐受到重

---

[1] 李启迪、邵伟德.体育教学基本理论研究 [M].北京：北京师范大学出版社，2014.

视，并致力于研究。体育作为一门学科，教学目的就是要使学生掌握知识和技能，从而提高自身的素质。随着技术不断发生变革，体育教学也随之发生着变化，在体育教学过程中，逐渐出现了一些新的教学方法。加上多媒体等教学工具的使用，运动过程中一些动作更加表象化，更容易被学生感知，这些新的技术的运用，使体育教学方法变得更加科学和规范。

但是，虽然新的技术方法在体育教学中得到空前广泛的应用，但这并不意味着传统的教学方法被无情地抛弃，反之，传统的教学方法依然占据着重要的位置。时代的不同决定了各个时期体育教学方法的差异性，但无论如何，这些方法都是符合生产力的发展要求，都是随着时代的发展应运而生的。将新的体育教学方法和传统体育教学方法结合起来，让两者共同发挥作用，取长补短，更能使体育教学朝着更科学的方向发展。受教学环境、对象以及内容的影响，体育教学方法也呈现出不同的特征。

二、高校体育教学方法的发展特征

（一）科技进步促进了体育教学方法的创新

科技在发展，世界在变化，人们的生活在丰富。科技给人们生活带来便利的同时，也给其他领域带来不可小觑的影响，如体育教学中的教学方法。计算机技术发展迅速，被更加普遍地应用于体育教学，减弱了时间和空间对学生学习的影响，还可以更加标准、科学地示范技术动作，更加便捷地收集、整理资料。可以运用计算机对动作进行示范，从不同的角度展示动作，对动作进行详细的分解，可以更加高效、科学地讲解示范动作。

（二）体育教学内容的变革促进了教学方法的变革

时代在变化，学生的体育需求变得多样化，为了满足这些变化，需要对教学内容不断更新，从而需要变革体育教学方法。例如，在体育教学中加入定向运动和野外生存运动，开发体育教学活动的野外组织和教学方法。

（三）体育教学理论的发展促进了教学方法的完善

发展体育教学理论对创新体育教学方法是十分有利的。在传统的体育教学过程中对体育技能的分析比较单一，教学方法死板，有时候会在同一项目中只会使用一种教学方法，有时候甚至是在不同的项目中，依然使用同一种教学方法。

"因此，面对不同的运动项目，'以不变应万变'是比较合适的体育教学方法。但是随着专家不断深入地研究球类运动项目，更适合球类运动的方法出现了，即'领会式教学法'"。[1]

（四）学生个性发展促进了体育教学方法的改进

时代不同、环境不同，学生所表现出来的个性特点也会有所不同。因此，体育教学采用的每种教学方法都要与学生的具体情况相适应，以便更好地实现体育教学的目标，提高体育教学的效果。

学生主要会发生以下几方面的变化。首先就是认知能力的变化，随着学生学习知识的增多，认知能力也会发生相应的变化。其次，随着时间的发展，学生的身体在成长，体能也不断发生着变化。再次，随着时间的变化，学生的阅历也逐渐增加，价值观也趋于完善。最后，学生的价值观更多的会受到社会价值观的影响。因而，随着这些方面的发展，体育教学方法也要跟着与时俱进，不断进行调整。

三、高校体育教学方法的发展趋势

经过多年发展，现代体育教学方法已经成为一个比较成熟的学科，无论是教学理论上还是教学实践上都比较成熟，教学体系也比较系统完善，同时教学体系逐渐形成新的趋势，具体表现如下。

（一）现代化趋势

在体育教学方法的现代化过程中，现代化效果比较明显。体育教学随着时代的变化也发生着变化，其中一个重要的表现就是教学设备的变化，其实质就是采用先进的设备服务于体育教学。采用这些先进的教学手段，无论是教师的教学还是学生的学习都能上升到一个新高度。在教学管理方面，体育教学的现代化将更加便捷的服务提供给学生，以便学生更好地学习和生活。随着各项技术的发展，教学技术也越来越多样化，不断与现代接轨。

（二）个性化与民主化趋势

传统教学过程中，教师占据着主体地位，因而在教学活动中，教师只关注到少数学生或者没有关注学生，更别说关注到学生之间的个体差异了。随着社会对学生个性发展的重视程度越来越高，体育教学方法的发展趋势

---

[1] 胡浩．高职院校体育教师生存环境研究［J］．中国校外教育，2010（5）．

也会呈现出个性化。对于学生和社会的发展来说，教学方法的个性化改革与创新具有十分重要的意义。与此同时，体育教学的发展趋势之一是民主化。随着民主意识在教学过程中的崛起，体育教学方法的民主化速度变得越来越快。

（三）心理学化趋势

从心理学来看，学习是一个复杂的心理过程。在体育教学过程中，学生主要的学习任务包括两个方面，分别是基本知识和动作技术。现代社会在客观上促进了心理学的发展，心理学对体育教学做出了研究，这使得体育教学以及学习的过程中各个方面都展示给人们，心理学在体育教学发展中的作用被重视，更多的心理学成果也会得以应用，这对于体育教学效果的提高具有重要的意义。另外，通过体育教学可以促进学生心理健康的发展。

四、高校体育教学方法发展中存在的问题

（一）教学方法单一化

落后的意识阻挡着实践。现阶段教学思想观念比较陈旧，对高校体育教学起到制约作用。高校中，教师教法单一，甚至很多老师依然采用传授法来展开教学工作。他们采用的教学方法往往是传统落后的讲解、示范和练习等，只能产生十分有限的教学效果。而社会对人才的需求要求不断完善和改进相对落后的体育教学方法。我们需要充分认识到，高校体育教学活动的主要媒介是学生自身。同时为了达到预定的体育教学目标，高校体育教学活动所利用的运动场地、设施设备必须相互适应，高校体育教学方法的使用效果在很大程度上受运动场地和设施设备的影响。

新形势的出现使得高校体育教学的任务和目标发生了巨大的变化，对于高校体育教学任务的具体要求，传统体育教学方法已经无法满足。因此，转变体育教师的教育思想观念势在必行，对教学方法的创新则是重中之重。

（二）学生主体意识不强

长期以来，体育教学活动的开展往往实行传统的以教为主、以学为辅或教师教、学生学。这种传统的教学模式在部分教学内容和教学环节上取得了一定成效，但是对于调动学生学习的积极性、发挥教师的创新性，改善空间还很大。实际上，高校体育教学活动中广泛使用这种重视教师、忽

视学生的高校体育教学方法。

在高校体育教学的过程中的诸多困难及困惑增加了体育教学活动难度。教师将学生的个性特征当作出发点已经很常见，但当班级人数少、场地面积小、设备器材有限时，发展学生个性的难度系数又会扩大。因此，体育教师进行具体教学实践活动时，往往将帮助和指导大多数学生作为教学中心，极少对需要特殊帮助和指导的学生实施特殊但有效的教学方法，如此一来，结果必然是学生不能实现全面发展。

第六章　高校体育教学设计与计划

　　每一所高校必须按照一定的规章制度来运行，在每个学期开始，学校体育教师根据不同年龄段学生特点，制定相应的体育教学计划，保证学生的体育教学的有序开展。高校体育教学应保证其系统性和有序性。

　　体育教学设计是指用整体和系统的观点对课程单元教学和课时教学进行规划和优化，体育的教学设计不是根据固定的体育课程，而是应该根据学生的年龄、体育相关的知识储备，按照计划有序提高学生各方面的技能水平。

　　从体育相关的知识理论体系分析，体育教学是将高度抽象化的体育知识理论结合当代学生身体素质，解决学生在日常体育生活中遇到的相关问题，而教学计划是将理论知识融合进日常教学授课的体育活动实施中。

　　体育的教学计划是高校体育教学的重中之重，它主要涵盖了学期、单元、课时等教学计划，本章将逐步介绍上述内容。

第一节　高校体育教学设计与计划

一、体育教学计划概述

（一）体育教学计划概念

　　体育教学计划是指具体实施教学工作之前的规划和构思，对即将开展的教学工作的设想和安排进行阐释，如提出任务、指标、完成时间和步骤方法等。要想完整地将一个体育教学方法描述出来，需要阐明以下四方面内容。

1.计划的指向

在日常工作中，计划往往是依据固定的总目标，分步制定并说明计划依据和目标，这就是计划的指向。

2.计划的作用

陈述计划的作用时应该逻辑清晰、表述清楚，明确计划要解决的问题是什么、要达到的目的是什么等。

3.计划的结构

计划的结构是检验计划的标准，它能有序推进计划并约束计划的良好执行，使计划的制订者可以根据反馈及时对其做出评价。

4.计划的要求

制订的体育教学计划需要将以下特点表现出来，比如预见性、可行性、约束性、评价性、针对性等。

（二）体育教学计划的界定

体育教学计划具体体现着学校体育工作，它的重点描述内容是"做什么"，而体育教学设计更加侧重于它的实施过程与方法，以及它的预期效果。

从某一领域如文学、教育学等来看，实施教学计划与教学设计相互交融的方面较多。体育教学计划的目的更多关注教育结果和教育目的。体育教育计划和教育学中的计划类似，更多是设想即将面对的工作以及面向的对象特点，尽力做到综合考虑，保障计划的实施。而体育教学设计是教育方法，是关注如何实现最终目标。

综合来看，体育教学计划是以价值结果为导向的，它具有复杂性、抽象性等特点。而体育教学设计是传统意义的结果为导向的，具有单一性、具体性等特点。因此，相对教学计划来说，教学设计更具体，而且观念形式与实践之间的关系由教学设计反映。教学计划是一种媒介，将教学设计进行承载，进而更加丰富的展现在教学的过程中，达成预期的教学目的。鉴于教学计划与教学设计难以区分，我们在此将体育教学计划的范围设置在"学段、学年、学期"内，将体育教学设计的范围设置在"单元教学和课时教学"内，见表6-1。

表 6-1　体育教学计划与体育教学设计的异同

相同点	不同点
1. 教学计划和教学设计都是对教学的系统规划； 2. 教学计划和教学设计的工作对象同是体育教学的过程； 3. 教学计划的工作和教学设计的工作有时是交叉进行的。	1. 教学计划是研究的过程，而教学设计则是研究的成果； 2. 教学计划是抽象教学的完成，而教学设计则是具体的实施； 3. 教学计划指向宏观和全面的整体，而教学设计驻足一门课的部分与环节的细致。

计划制订好之后，工作目标就明确了，工作步骤也比较具体了，如此就可以协调大家的行动，工作的主动性会有所增强，盲目性会有所减少，工作开展会更加有条理。同时，对工作进度和质量进行考核的标准就是计划，而且计划还可以约束和督促大家的工作。所以，对工作来说，计划既有指导作用，又有推动作用。

总之，体育教学计划与体育教学设计之间的区别主要是指向不同，前者指向宏观，后者指向微观；前者是理论蓝图，后者是具体实践方案。两者的联系是"假设—结果"[1]。

二、体育教学设计的概述

（一）体育教学设计的界定

系统论、信息论和控制论于 20 世纪 60 年形成并发展起来，受这些理论的影响，传统的备课在分析和规划教学时，运用了"三论"的方法，实现了教学过程和操作程序的最优化。20 世纪 80 年代中期，我国开始研究教学设计，人们越来越重视教学设计的原理和方法，并且已经将教学设计应用于课程与教学计划的制定、教学软件开发、课堂教学改革等方面。在体育教学领域，我国目前还没有过多地研究教学设计，在体育教学实践活动中，教学计划的制订和备课工作是体育教学设计研究的主要内容。

教学规划、课程开发等含义是大多数教学论专家对教学设计的解释。1985 年，美国著名的教学设计专家加涅出版了《教学设计原理》一书，他认为："教学设计是系统化地规划教学系统的过程。"我国大多数教学论

---

[1]　刘攀，段渭军. 高校体育信息化教学平台的研究与设计 [J]. 中国教育信息化，2012（17）.

专家认为："教学设计是运用数学领域方法，进行推理验证的方式，建立预期的教学模型和策略方法，通过实施结果综合反馈结果，对设计方法加以完善的过程。"通过上述分析，我们将体育教学设计定义为：

体育教学设计是依据体育教学计划，根据特定人群的特点如学习者年龄、需求等制定相应的教学方法。一般来说包含日课程设计、周课程设计、以及学期课程设计等，从而进行教学内容和方式的合理编排，以减少临时外在因素影响课程的有序进行，保障学习目标的实现。

对于单元和课时教学过程中的教学内容、教学组织、教学负荷等要素，体育教学设计会对其进行全面的分析，最终制定出具有科学性的体育教学策略，包括制定合理的教学目标、设计合理的教学过程、合理地运用教学手段与技术等。换言之，体育教学设计是一个设计活动，它是有序的、可组织的、有目标的，单元教学计划到课时教学计划是一个不断进化的过程，从开始的粗、模糊、抽象到后来的精、清晰、具体，如图 6-1 所示。

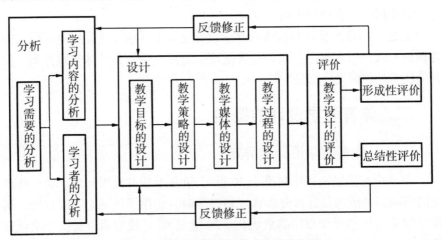

图 6-1　教学设计的各种工作和流程图

（二）教学设计与传统教学备课的区别

现代教学设计与传统教学备课相比，两者之间既有联系，又有区别，现代教学设计进一步完善了传统备课。

从学理上看，现代教学设计和传统教学备课的教学对象是一样的，包括备目标、备教法、备教材、备场地符合等，其目的是合理安排上述教学对象和相互作用方法。现代教学设计与传统教学备课的区别是：教学设计的依据是整体观和系统观，以此设计和规划教学；传统的备课方法依据教师的主观性，依据自身实践经验，对教学目的设计制定独特的教学方法。

现代的教学理念是通过建立学生的主动性，让学生发挥自身的主观能动性，而教师通过教学有序的引导，侧重于培养学生的学习方法和理解能力，争取做到"独立思考、独立理解、独立分析"等，教师通过经验或者独特方法根据学生自身不同的能力，培养学生独特的学习方法以满足自身的学习要求。

当代的教学设计根据学习者的学习目标进行分解，通过对学习者的综合表现实时调整阶段性的教学设计，最终通过分步式阶段性的目标实现过程来完成最终目标实现。而传统教学备考方法是通过教育者的自身经验和方法，往往忽略学习者的差异性，这种方法会强烈依赖教育者自身水平，往往会存在局限性。

三、体育教学计划的实施

研究发现，在体育教学中会涉及许多的因素。同时，遵循教学计划，进行教学设计，这些都是围绕教学目标展开的。体育教学计划的实施要循序渐进地进行，最终形成"超学段、学段、学年、学期、单元和课时"的知识层次，最终分阶段完各个过程。各种实践证明，这个过程对于教学计划的实施是十分重要。

（一）超学段体育教学计划

超学段教育是国家规定的九年制义务教务、高中教育阶段、高等教育阶段的过程。在超学段教育教学计划中，实施的标准是国家制订的，具有符合当代学龄、当代受教育者身体素质的特点。超学段体育教学计划是由国家教育行政部门领导制订的，是体育教学总过程的指导方案。超学段的体育教学计划包括传统的《体育教学大纲》和现在的《体育与健康课程标准》。

（二）学段体育教学计划

一般情况下，学段体育教学计划是指根据超学段体育教学计划，结合体育教科书和本校实际情况，给各个学段合理安排体育教学时数并制定体育教学指导方案。

1. 学段体育教学计划的特点

（1）以年龄特征特点为主要依据：大多数体育教学计划是根据学习者的"年级"区分，部分也有根据"体育水平"进行划分。比如，高中和大学就是按"年级"划分。

（2）以身心发展特点为主要依据：学段划分是根据不同阶段，学生具有不同身心发展特征，制定的体育教学计划需要符合当前受教育者身心发展的特点。

2. 制订学段体育教学计划的要求

（1）国家制定的《体育与健康》中明确了体育教学需要达到的标准。

（2）针对性的评估当前学校的师资水平和硬件建设如场地，运动器材，制定出符合学生的体育教学计划。

（3）合理安排学生课堂学习训练课时，充分考虑大部分学生的接受性和可操作性。

（4）要对学段之间的衔接性多加关注。

3. 学段体育教学计划制订的基本方法与步骤

（1）根据《体育与健康标准》，充分研究各个年龄段需要达成的体育训练目标，如技能训练"学习一项运动""进行一场小组比赛"充分考虑学生之间的目标。

（2）根据学校现有资源，合理选择体育教学内容。根据学校体育运动硬件设备，选择合理的授课内容和安排教学目的，满足各个学段大部分学生上课需求。

（3）根据不同年龄段的授课内容合理调整授课学时。根据国家及学校规定的体育教学总课时，合理安排分配单元课程学时。通常有一定余量，防止突发情况影响课程继续进行。

（三）学年体育教学计划

学年体育教学计划主要是针对各个年级进行的。通过合理化的分配学期中需要学习的内容，达到年级学生体育能力综合发展的目标。根据学期内教学目标和考核标准主要有以下几个方面：一是国家相关部门规定的该学段体育教学计划；二是符合该年龄阶段的身心发展特点；三是符合教学地的气候条件。一般情况下，体育教学部门规定的体育教学内容具有适宜性、权威性的特点。

（四）学期体育教学计划

学期体育教学计划是学年整体的教学进度，是根据本校体育教育要求目的和学校学生身体情况，以及课时安排综合制定出来的，通常是体育部门和教师共同制订。学校统筹安排学期体育教育整体目标，授课教师根据学期计划，严格把控，分解目标，保证整体目标高质量地完成。

（五）单元体育教学计划

单元体育教学计划顾名思义是通过将学期体育教学目的，分解成各个单元，通过将整体目的按照一定规律分割成单元体育教学计划。

综上所述，体育教学计划是独立的有机整体，他们各个部分有序的相互整合，相互兼容。良好的体育教学计划可以保证教育的有序实施，合理有序的安排教育内容，保障取得良好体育教学成果。因此，逐级逐层的设计体育教学计划是十分必要的。统领全局的是超学段体育教育计划，其次是学段体育教学计划。学段体育教学计划由两部分构成通常为两个学年体育教学计划，学年体育教学计划由两个学期体育教学计划组成。具体的体育教学计划层次图如图 6-2 所示。

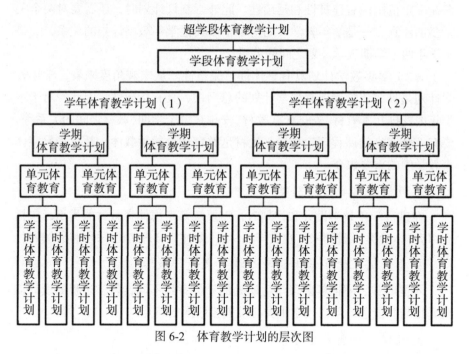

图 6-2 体育教学计划的层次图

（六）学时体育教学计划

学时体育教学计划的出发点是每堂课程的内容进行全面理解和剖析，是设计一堂课程的基础，是一堂优秀课程的必备条件。课时体育教学计划由授课教师编写。

第二节 学年、单元和课时体育教学设计与计划

上节中，主要介绍了体育教学计划与制定的区别和方法，本节重点讲解体育教学计划包含的部分。

一、学年体育教学计划与制订

（一）学年体育教学计划制订的基本要求

1. 教学计划的系统性

（1）在制定体育学年计划时，需要充分考虑学生接受体育教学过程，需在一定范围内有连贯性和延续性。此外，制订计划时，还需要对两个关系多加注意，一是学年教学计划与本学段其他学年教学计划的关系，二是本学年两个学期教学计划之间的关系。

（2）学年教学计划具有整体性，完整性。从宏观角度来看，学年教学计划是贯穿该学年体育教学计划的总纲领，具有指导性。因此，对于本学年内安排几本教材、安排什么教材、安排在哪个学期、教材之间的关系等，要有一个清晰的课程理论指导。教材是教育理论的承载体，教材是贯穿体育教学中的重要媒介。

2. 教材安排要分门别类

在进行学年教学设计和计划时，需要统筹考虑体育教材的类型，包括介绍类、体验类、精教类等。在安排教材时，要注意合理搭配不同性质的教材。

3. 要依据本学年学生的身心特点来设计教学

不同时代，不同年龄段学生所处的社会背景不同，教学过程的设计需要满足与时俱进，与当代学生身心发展相匹配的特点。

4. 教材安排要考虑季节性

在选择教材和安排教学内容的时候，需要对季节性进行考虑，比如要考虑什么教学内容适合在夏季教学，什么教学内容适合在冬季教学。

5. 年度学习评价要全面

年度学习评价需要纵观学生学年发展，在进行评价时，要分为过程性评价和总结性评价，这样可以更好反映学生学习状态。

6.与学校年度工作相配合

学校部分体育活动已经安排，体育教学计划应当配合学校年度工作，如夏季清晨进行晨跑，春秋之际举办运动会，开学举办的军事训练等。

（二）学年体育教学计划制订的基本内容

1.制定学年体育教学目标

学年体育教学计划应该考虑的问题包括如何分解教学目标、如何排列教学内容等。确定本学年体育教学目标的依据是学段体育教学目标、本学年使用教材的特点、学生的特点、器材条件、场地条件等。在制订学年教育目标前，需要考虑学校安排的特殊活动如军训、夏令营等。

2.分配本学年教学时数与教学内容

全年实际课时数需要按照学校统一进行安排，在选定学校周数之后，根据当地教学内容，合理地将教学内容分配到两个学期授课周中，并根据各个课时明确所要教授的内容，这是全年教学计划、教学内容的统筹规划。

3.制定年度的考核和评价内容

年度的考核和评价是十分必要的，需要根据学习目的制定详细的考核方案，并有与之对应的评价标准。

4.提出相应的教学要求

根据教学要求，需要制定良好的实施方案，保证规定的教学内容和要求得以有序执行。

（三）学年体育教学计划制订的案例

表6-2是按照"精学类、简学类、介绍类、锻炼类"四类教材划分理论设计的水平四第二学年教学计划案例。

表6-2 水平四第二学年的体育教学计划案例

学期	教材类型	周数内容	1	2	3	4	5	6	7	8	9	10	11	12	13	14	15	16	17	18	总计学时	备注
上学期	精学教材	篮球	1	3	3	3	3	2													15	每周3课时
		武术											3	3	3	3	3				15	
	简单教材	羽毛球							3	3	2	2									10	
		毽球																3	2		5	
	介绍性教材	介绍体育运动文化项目和保健知识，每学期2~3学时																				
	素质练习	各种专项练习和基本素质练习，融于实践课中经常练习																				
	锻炼方法		1										1							1	3	

学期	教材类型	周数内容	19	20	21	22	23	24	25	26	27	28	29	30	31	32	33	34	35	36	总计学时	备注
下学期	精学教材	篮球	1	3	3	3	3	2													15	19~36为一周次，每周3课时
		武术											3	3	3	3	3				15	
	简学教材	毽球									3	2									5	
		双杆															3	3	2	2	10	
	介绍性教材	介绍体育运动文化项目知识，每学期2~3学时																				
	素质性教材	各种专项练习和基本素质练习，融于实践课中经常练习																				
	锻炼方法		1								1							1			3	

续表

教学效果、评价内容与标准	1. 精学教学内容的技能评价标准 （1）篮球：每名学生都掌握半场篮球所需要的技战术；可以较好地参与半场篮球比赛。 （2）武术：能完成少年拳套路，正确做出武术的手、腿基本功动作。 2. 简学教学内容的技能评价标准 （1）羽毛球：每名学生能大致掌握持拍、正手发短球、正手发后场球、正手击后场球、正手抽球、扣杀球和反手抽球等技术，了解单打和双打的比赛规则。 （2）毽球：能做出两种踢球和两种停球动作，了解毽球的比赛规则。 3. 身体锻炼评价标准 （1）引体向上：男生 8 个以上，女生 5 个以上。 （2）3 分钟跳绳：男生（　）个以上，女生（　）个以上。 4. 身体锻炼方法掌握评价标准 可以举出 10 种锻炼力量的器具和方法，能根据假设的锻炼要求制定力量锻炼方案。 5. 体育文化知识掌握评价标准 （1）能说出高尔夫、棒球、保龄球的基本规则； （2）抽筋和中暑的救治方法； （3）交通安全的原则。
教学要求	1. 教学追求实效； 2. 时刻注意安全； 3. 加大学生的练习密度，不少于 35%； 4. 注重学生的理解，鼓励学生探究，进行 2～3 次探究性教学； 5. 形成和谐的教学气氛； 6. 加强学生的自主学习和交流。

二、单元体育教学计划制订及案例

（一）体育教学单元的基本理论

在体育教学过程中，有一个实质性的单位，那就是体育教学单元，它同时是一个教学阶段，这个教学阶段比较完整，这个阶段对运动技术的"学理"过程反映比较明显，同时承载着各种体育教学模式。这个单元模块按照学生的层次划分成不同的教学单元，如初级班、中级班以及高级班。因而，对于整个体育教学来说，单元体育的教学计划十分重要。

1. 单元形式

单元在体育教学中是指一个完整的教学过程，其中包括教学理论和实践等多个部分。在体育实践中，通常以单个体育名称为一个单元，如"排球"、"篮球"等。单元的种类是通过不同运动技术的有机结合，按照逻辑性进行设计，但有一些额外且必要的单元也在其中（见表6-3）。

表6-3　体育教学单元的种类、特点、作用与适用范围

	单元种类	内容构成	范例	目的与特征	适用范围
1	技术单元	以某运动项目的运动技术组成	跳远、单杠、篮球运球等	以掌握技术为主要目标，以传授、练习为主要内容	各年级、各教材
2	活动单元	以某类活动或某个活动组成	跑的游戏、跨越障碍等	以娱乐、提高身体基本活动能力为主要目标，以活动和尝试为主要内容	低年级，发展身体活动能力的教材，体验性教材
3	题材单元	以题材和情节串联组成	夏令营、远足、运动会、救护等	以情感体验和发展运动能力为主要目标，以模仿、练习为主要内容	中年级，与生活和实用技能相关的教材
4	运动处方单元	以某健身原理和练习组成	发展上肢肌肉、提高耐力、发展柔韧性等	以掌握健身原理和培养身体锻炼能力为主要目标，以运动处方的制定和实施为主要内容	中高年级，提高身体素质的教材
5	理论单元	依据某理论及相关运动组成	人体运动力学、篮球中的犯规、运动疲劳消除等	以理论知识的掌握和有关技能的发展为主要目标，以讲授和验证为主要内容	高年级和理论密切相关的实践教材
…	…	…	…	…	…
n	综合单元	两种以上形式组成的单元	—	根据组合情况而变	根据组合情况而变

之前运动技术的教学多以课时教学为主，缺乏日常实践锻炼性，随着体育运动的便利性，体育运动会呈现多元化发展。

2. 不同的单元规模

教学单元是体育教学的重要组成部分，教学单元与体育教学设计与计划息息相关。日常教学过程主要依据教学单元合理安排教学容量，根据教学时间决定教学内容的难度。单元大小受到教学难度、学生理解能力、学校硬件设置等多个方面综合作用。一般来说，体育教学内容有一部分要求了解，例如足球等，该类运动受到时间和场地限制，无法全面的训练和讲解，只能在课堂上讲解相关规则和单个技巧的练习。但有部分体育教学无法讲解，如跳水、游泳等。我国个别地区学校硬件设施陈旧，个别体育教学无

法做到精细的讲解和训练，可用其他的活动代替[1]。

（二）单元体育教学设计与计划的基本要求

1. 要有明确的教学指导思想

航船要有港，教学要有纲。在不同教学方式和教学设计时候，需要以教学指导思想为中心，努力使学生达到"易学""易懂""易通"和"易用"等特点，在不同教师、不同年级授课中，准确把握教育思想的内涵，切实做到将所学知识传授给学生。

2. 要认真钻研体育教材

钻研体育教材是掌握体育基础知识的必经之路，钻研体育教材有以下几个方面：一是重视体育教材的教学思路，以及课堂难点分析；二是根据体育教材了解学生身体素质情况，合理有序开展体育运动；最后体育教材可以为教师授课提供理论指导和参考，精心计划和设计课堂教学计划，使授课达到良好效果。

3. 丰富单元模式的多样性

如上所述，单元教学计划需要有较强的专业性。不同体育运动项目包含不同的专业领域，不同的知识技能水平。固然单元教学计划也是不同的。不同单元教学计划可以尝试不同教学形式，不同教学规模，丰富单元教学运动是十分必要。

4. 要努力优化教学条件

通常了解学生对于体育运动的兴趣爱好是十分必要的，教师需要根据学生兴趣作为出发点，结合学校所提供的场地、资源以及相关配套设施，努力营造良好的教学条件。

（三）单元体育教学计划制订的基本方法与步骤

（1）了解教学目的，确定教学单元的属性；

（2）根据教学的属性，调整教学所需要的时间以及分配方式；

（3）结合单元教学设计或者教学模式为参考，结合学生情况，合理分配单元教学目标，设计单元教学过程；

（4）选择多种有效教学方法，融入课堂中；

（5）确定教学方法和结果评价方法，并进行反馈。

---

[1]　刘冬青，魏莉．我国高校继续教育的发展现状及对策分析［J］．中国教育技术装备，2013（30）．

（四）单元体育教学计划的案例

本节主要根据前文内容，展示单元体育教学计划设计案例，具体案例见表6-4。

表6-4　水平四排球单元体育教学计划设计案例

题目	进入排球的世界	学时预计	15 ~ 20	辅助内容	速度和灵敏练习
单元教学目标	在排球文化氛围中，使学生基本掌握排球的正面双手垫球、正面下手发球、侧面下手发球技术；在比赛中培养学生合作与竞争的精神，在自我挑战过程中体验到克服困难的成就感；结合排球特点发展学生速度、灵敏等素质				
课次	教学阶段	学时教学目标	教学内容与方法	辅助内容	比赛与规则
1	激发兴趣熟悉球性	让学生感受排球乐趣，在排球游戏中认知体验个人与集体的关系，熟悉球性，对排球基本知识有所了解。	1. 多样的排球游戏 2. 排球的基本知识（场地、基本规则）	步法移动练习	各种球体的排球比赛（气球、球胆、软式排球、排球）
2	正面双手垫球学习	学习正面双手垫球技术，让学生掌握正面双手垫球前的移动方法，明确击球部位	排球游戏、垫球动作练习、垫击固定球练习、自抛自垫球练习、垫球比赛	1. 移动步法练习 2. 研究问题：正面双手垫球常见错误是什么	降低球网高度，一方可4次击球过网的垫球比赛
3	正面双手垫球的练习（一）	进一步熟练正面双手垫球技术	对墙垫球练习、一抛一垫练习、两人对垫练习、垫球比赛	1. 排球规则简介 2. 研究问题：什么样的垫球完成动作后更有利于球运动轨迹的平稳	降低球网高度，进行一方可三次击球过网的垫球比赛
4 ~ 5	正面双手垫球的练习（二）	能接住有一定难度的来球，巩固正面双手垫球技能，增强自信心	两组垫球换位练习、多人垫球练习、垫准练习、垫球比赛	排球战术简介、触网、过中线的判断	降低球网高度，进行一方可三次击球过网的垫球比赛

续表

6	正面下手发球学习	知晓正面下手发球的技术要领，做出正面下手发球的动作	发球游戏、徒手模仿、固定球练习、对墙发球练习	各种发球法的比较	降低网高，在场内离底线1米处开展发球成功率比赛
7	正面下手发球练习	进一步掌握正面下手发球的技术，使成功率提高到约60%	两人隔网对发球、发球的比准游戏	发球的战术	在对面场地画出得分区域，进行发球比准比赛
8	侧面下手发球学习	知晓侧面下手发球的技术要领，做出侧面下手发球的动作	徒手模仿练习、固定球练习、对墙发球练习	灵敏素质练习	降低网高，在场内离底线1米处开展发球成功率比赛
9	侧面下手发球练习	进一步掌握正面下手发球的技术，将成功率提高到约60%	两人隔网对发球、发球的比准游戏	灵敏素质练习	在对面场地画出得分区域，进行发球比准比赛
10～13	发垫组合练习	巩固垫球和发球技术，并能在排球实战中运用	①排球游戏②各种发垫组合练习：6人对抗赛、8人对抗赛、12人对抗赛	速度素质练习	降低网高，增加每边的人数
14～15	"玩中练"的排球游戏和教学比赛	体验排球的乐趣，熟悉排球的细部规则，熟练发球和垫球技术、尝试其他技术，在比赛中体验配合	各种排球游戏、排球教学比赛	排球的自我评价方法、排球比赛欣赏要点	根据情况适当改变比赛的规则
单元评价内容	1. 技能评价标准 （1）每位学生都较好地掌握垫球技术；可以在比赛中运用。 （2）每位学生都能用正面和侧面下手发球技术进行发球，成功率要在60％以上。 2. 灵敏素质 "两点移动"达到《国家普通人群锻炼标准》的5分（20～24岁组）。 3. 体育文化知识掌握 熟知排球比赛的基本规则和裁判手势，知道观赏排球的要点。				

三、学时体育教学计划（教案）的制订及案例

（一）学时体育教学计划的特点

学时体育教学是根据学年体育教学计划制定的总目标，分解成单个可执行的学时体育教学计划，简称"教案"。

体育教案和文化课教案类似，有相似的格式和写作方法，通常是两种，一种是文字表达式，用文字叙述课堂的导入，以及课程的重点难点，但缺点是需要的文字较多，无法清晰明了。另一种是表格式，根据课程内容进行思路整理，内容清晰，但是需要提前进行思维扩展，甚至需要多个表格进行思路梳理。个别教师运用图片式教案，通过一张张卡片，将课堂内容进行梳理和表达，亦有思维导图式，根据教师教学方法，进行合理课堂思路整理，各种教案具有其独特优势，教师可以根据情况选择。

（二）制定教案的基本内容与步骤

1. 确定课程的教学目标

根据学校制定的体育教学总目标为依据，根据单元教学目标总规划，确定单日课程的目标，课程目标要合理有效，针对性强，易操作。

2. 排列教学内容

确定体育课程的教学目标后，应该考虑课程的基本知识点，满足课堂基础教学要求和基本运动需求。若本节课有较多的知识点，可依据其难度，按照从简到难的顺序，优先讲解"容易懂""容易练""容易学"的知识点，以满足达成基本教学目标。此外，若课堂中出现较大符合的教学目的和运动训练，应当在教学课程中，满足基本的安全防护要求，教师应该亲身示范并详细介绍。

3. 针对教学内容组织教法

根据制定好的教学内容后，应该制定合适的教育方法，满足课堂学生的需要。根据教学内容剖析教学难点、教学重点，针对不同的难度的教学部分采用不同的教学方法，常用的教学方法包括：示范、讨论、讲解等，选择合理的教学方法，通常可以起到事半功倍的效果。选择教育方法一般需要考虑以下几个方面。

（1）选择适当教学方法，并排列好相关顺序。

（2）运用有效的教学用具，可以帮助学生更好的理解课堂内容，必要时可以自行制作。

（3）充分考虑分组协作的方法，依据不同方法进行合理有效分组，保障高效训练方法。

（4）充分调动学生的主动学习能动性，充分利用课堂时间进行教学。

（5）选择合理的场地规划以及器材，体育运动和体育器材息息相关，器材的使用可以由教师演示。

（6）利用学生之间的配合，安排合理时间让他们自主联系，必要时可根据训练项目不同，可有单人练习，也可以分组进行小组练习，教师应该实时进行监督，防止意外发生。

（7）沟通与反馈：通过与学生进行相互沟通，了解学生的学习情况，了解学生对于课堂内容理解的偏差。

（8）是否有必要进行多部门合作，例如有些活动需要人数较多，需要其他部门进行予以配合。

（9）安全是永恒的主题，在体育运动过程中，安全问题是重中之重，充分让学生了解注意事项。

（10）课前培训是否必要，部分体育活动会有对抗性，必要时需要课前对学生进行安全培训。

4. 安排各项教学内容、时间和练习的次数

（1）通常，首先需要合理有序的安排整体的课程时间，并将课程时间分为几部分，一般包括：导入部分、开始部分、结束部分等。各个部分时间合理分配。一般典型的体育教学课程为 45 分钟为例，一般安排导入课程为 6 ~ 8 分钟，开始部分为 25 ~ 30 分钟，结束部分 5 ~ 8 分钟。

（2）合理安排教学内容，根据教学内容的难易程度，细分课程时间，总体课程时间，不能超过课程上课时间。

（3）确定各部分课程上课时间后，确定体育课堂练习次数。由于体育教学课程中，时间的严格限制，无法充分展开活动，这需要教师合理安排体育活动次数以及强度。

5. 设计课的生理负荷和练习密度

教师授课应当以"安全"为第一要素，授课内容应该符合学生身体素质和安全教育水平，不得超过班级学生的身体负荷。此外，在完成适当的运动负荷后，教师要观察学生身体指标，测量心率和脉搏跳动。体育运动负荷应该满足从轻到重，逐次添加的过程。

6. 计划本课所需的场地器材和用具

体育教学场地安排需要满足：场地平整开阔、安全性的基本要求，在

开始使用前，应当确定体育器材名称、数量，在课程开始前，统一放置指定地点，并检查器材是否存在安全隐患，若出现安全隐患，应该立刻停止使用。

7. 课后小结

课程小结是对教学质量、学生状态以及知识点讲解情况的系统梳理，从而发现课程计划和设计的缺陷，以便予以改正。课程小结是教案中的一部分，是对上课过程的回顾。教师应当在课程结束后，及时回顾课程中遇到的情况，以及优劣分析，以备今后查验。

第七章　高等教育体育评价论

体育教学评价既是上一阶段教学活动的结束，同时也是下一阶段教学活动的开始。通过对体育教学活动进行评价，既能全面了解上一阶段体育教学活动的结果和整体情况，又能及时进行信息反馈，以作为下一阶段体育教学计划制订的参考依据。因此，体育教学评价在整个体育教学活动中有着重要的意义和作用。本章就高等教育体育评价论进行深入浅出的研究，包括高等教育体育教学评价、运动竞赛评价、课外体育活动评价、体育工作综合评价等方面。

第一节　高等教育体育教学评价

一、高等教育体育教学评价的内涵、意义、功能

（一）高等教育体育教学评价的内涵

高等教育体育教学遵循高校学生身体发展规律，结合当代大学生群体身体水平，根据国家高等教育的高等人才培养方法和目标，采用当代高校体育理论指导教学内容，实现对教学过程综合评估。在高等教育体育教育过程中，必须遵循一定的规律，高等教育体育教学评价也是如此，作为其中的一个分支，必然也要遵循教育规律。国家高等教育对培养优秀人才做出了一定的指示，提出了具体目标和要求，要想提高教学质量，必须重视高等教育体育教学评价，对具体的教学措施、教学内容、教学结果做出评估，为更好的实施教学措施，加强教学效果，让学生掌握基本的体育理论知识，

基本技能等，从而为国家和社会培养更加优秀的体育人才做出贡献。在体育教育评价方面中有两个方面值得重视：对教师教学态度、能力和效果做出价值判断和对学生学习态度、能力和效果做出价值判断。

（二）高等教育体育教学评价的意义

在高校体育教育活动中，建立有效的教学评价系统是起到建立标准的教育教学行为，改善学生上课效率。将课程目标有了更加明确的参考以及更加清晰的指导，确保不同教师上课均能产生很好的教学质量，从而引导各个教师拥有标准化的课程教育方法。通过检查学校各个阶段的教学成果，检查出隐形存在的种种隐患，把握体育教育的正确发展方向。建立良好的体育教学评估方法是体育教学质量的基础保证，是发展高质量体育教育的必需品。通过建立科学的教育评价方法，可以是建立科学的教学评估手段，保证大学生健康发展，从而促进体育事业的繁荣进步。体育教学评估办法具有科学性、系统性、权威性。从多个角度分析高校体育教育方法和内容的不足，保障大学生体育课程的有效学习。

（三）高等教育体育教学评价的功能

1. 诊断功能

体育教学效果根据学生对老师授课内容的学习，寻找自己真正的不足与难点。通过教师的教学评估可以诊断出学生的学习状态以及学生的基础情况。体育教学的效果是教师根据教学内容，采用特定的教学方法，将已有的知识内容，通过言传身教的形式教授给学生。通过体育教学评价可以促进学生在体育活动中学校良好的运动技能，保持健康积极向上的发展，并做出正确的评价。同时，教师可以了解所采用教学方法的缺陷，以备后续改进。因材施教、有教无类是教育的基本要求，在教育体育教育中圆满地完成教学任务，依靠教师与学生的紧密配合实现，而教学评价就可以满足此类需求。

2. 反馈功能

反馈是通过机制与系统运行结果的良好证明，通过反馈可以确定运行的状态。同样地，在体育运动中，反馈可以给学生带来一定程度上的改变。在教学评价过程中，教师要实时关注学生的状态与心理发展程度，调整评价机制使得学生在思维中发生转变的过程。教师应该合理运用评价机制，如知识水平，运动技能等多个方面。在当代，体育运动需要耗费大量的时间和精力。很多学生缺乏体育锻炼，因为练就一份体育本领需要大量的时间和精力的投入，往往收益漫长，学生希望通过短时间的成就，来满足自己。教师经常组织体育测试，实时发现学生的改变，也可以发现自己的教学成果，从而不断提高教学能力。

3. 证明功能

学生体育成绩是某个阶段的总结性评价，体育考试是一种良好的评判学生体育技能的方法，成绩具有良好的证明效果，在升学求职过程中，可以客观反映学生的身体素质以及体育文化水平，也可作为教师教学成果展示的重要依据。综合学习学生成绩，可以得到学生体育的弱项，教师可以有针对性的加强。建立良好的体育考核机制是学校依据有关部门制定的教学内容和身体测试标准，是具有合理性和权威性的，可以切实有效的证明学生的体育成绩。

4. 以考促教

体育考试是一种良好的评判学生体育技能的方法，根据体育教学内容的设定，合理安排体育考核内容设置是一种行之有效的办法。学生会在考试准备阶段，加强体育锻炼，学习理论知识，回顾课堂内容，从而可以达到温故而知新的效果。良好的考试评价可以训练学生的体育运动能力，使得学生日常养成良好的系统训练能力，掌握并提高体育课堂教授的内容，以及养成学生严谨治学的学习态度[1]。

二、高等教育体育教学评价的现状及原因分析

（一）高等教育体育教学评价的现状

根据权威数据发布，学生对高校体育教学评价往往是消极对待，得到的结果不科学。根据抽样调查，21% 的学生可以充分表达学生自己的内部心理诉求，大部分对调查结果、调查方法、评价方法均表现出抗拒态度，不耐烦，形式化，样子工程情况严重。学校和学生在此环节中呈现对立状态，无法综合全面的考核。目前，高校的教学评价往往是叙述性评价，缺乏数据支撑，缺乏科学合理的有效方法，对于学生的学习态度、学习能力、学习进步等多方面无法切实有效的表达，学校应该制定良好的评价系统，量化学生进步的幅度，合理分配各个考核指标的权重。最后，高校教师应该制定合理有效的评价系统，综合客观地评价学生的各个方面，增加学生

---

[1] 王琦，尹兆凤. 北京高职院校体育教师现状及其发展对策研究 [J]. 北京工业职业技术学院学报，2010（2）.

和教师间的互动，增强师生间的沟通和信任感。这样才能更好地激发体育教学的兴趣，最大程度的保证教学质量。

在追求高质量的发展过程中，体育教师是和学生的距离是最近的，因为他们有较多的时间进行沟通，更全面的了解学生的方方面面，从学业、生活、感情等引起师生的共鸣。体育教师需要通过学生的真实反馈，了解学生的需求，以激发学习的浓厚兴趣，满足未来的身体需要。体育教师应当参与并改进现有的教学评价系统，使之更可以满足学生当下所面临的困难和需求。过去的教学评价系统，往往是做做样子，形式化，走过场等问题突出，无法真正获得应有的效果。作为体育教学评价，无论在系统性还是价值上都有不可替代的过程。教师应当立足于学生，以体育教学内容为依据，建立"学以致用，科学有效"的教学体系，满足人才自身的发展需要。既要满足他们在体育学习过程的变化以及发展需要，也要满足日后工作生活和身体水平目标的需求，为了学生做全面服务，保障学生的体育运动发展。

（二）现行高校体育教学评价中存在的问题

1. 认识上存在误区

目标是根据需求制定的，是以教学评价结果为导向的。良好的目标是具有科学、有序为规律的。教学评价系统是依据需要，系统性，综合性的评价教师授课方式，评价课堂教学的目的是调整教学目标、改进教学方法，给学校和教师提供多方面的反馈。教学评价的目的主要有以下几个方面：一是发挥教学监督作用，发挥教学的主动性。二是发挥学校监督作用，主要是根据教学目标，充分发挥学校对教师教学目的综合考量，实现量化考核方法。此外，在教学评价系统，学校需要遵循"公平""公正""合理"等原则进行客观评价教师授课，切不可为了考核而进行考核，与考核的基本初衷相背离。

2. 教学评价与教学目标相脱离

教学评价是对教学内容实施部分进行阶段性的考核，是对各个部分进行积极反馈的重要组成部分，良好的教学评价是贯穿于教学活动的各个重要节点，是整体把控教学进度、教学质量、教学方法的重要依据。教学评价系统的最主要目的是促进教师更好的实现教学质量的提升。当代的教学评价系统的目的是"了解学生的学习表现和教学成果"。在学生达到预期教学内容的情况下，通过教学评价系统，检查教师的教学质量是否达到学校要求的标准。反之，若学生未达到对应的学习成果，学校应该联合教师进行教学方法的整改。高等教育体育教学评价主要是运动评价和技能评价，无法全面评价学生的综合方面，如个人品质等。

3. 评价内容单一、不全面，存在局限性，难以体现课程评价的整体要求

体育教学的目标是多个方面的，包含心理、情感、社会、关系、沟通、认知、健康等多领域。良好的体育教学，可以使学生在多个领域同步发展，而且这些目标会随着时间和教学的深入进行横向和纵向发展。由于学生自身的条件和认知限制，无法全方位的理解体育教学的内涵，教师通过体育运动教学、体育基础理论知识、体育竞技活动等多方面引导学生，帮助学生在多个领域有所建树。

在师生教学评价过程中，学生作为教学的接受者往往对教师的授课内容，授课方式缺乏更高层级的理解，甚至对教师产生一定程度的误会。在对教师的调查问卷中，约为31.8%学生认为体育教学课程缺乏实质性内容，仅仅让学生运动而运动；12.2%学生认为体育教师是最容易的，不需要进行日常的备课以及选定教学内容。39%的学生认为体育教师比较轻松，无压力。而在教师对学生的评价内容中，72%的教师认为学生基本可以满足教学规定的任务要求，12%教师认为学生优秀完成其制定的教学目标。在师生互评的时候，评价过程的矛盾点显现出来，学生对教师授课内容以及方式有无权利进行干涉？我国高校体育教学中存在的普遍问题是体育教学成绩的好坏是由学生参加特定体育训练的成绩决定的，而学生的体育文化素养和基础理论知识，学校则不进行考核。长久以来，学生的身体健康指标、体育修养缺乏足够重视，最后可能违背体育教学的初衷。

在当下制定多方位的体育教学评价内容显得尤为重要，体育评价内容应当全面、综合地反映学生在体育教学课堂中的真实表现，包括知识文化水平、运动行为习惯、身体素质等。体育教学的最终目的是学生知识水平体系的建立以及个人行为习惯的养成，而这些不仅仅是为了简单的教学评价而做的。

4. 评价主体的缺失

当前人性化的教学管理和教学评价充分尊重了以人为本的原则。而我们在作为评价主体时，无法做到保持客观性的评价。但是通过师生互评、学生自评的方式，学生往往表现出无法表达自己真实的内心想法。根据调查结果，学生对待评价的态度是不看好，是无所谓的。从侧面反映出，学校的评价系统不具有科学性，缺乏权威性和互动性。学校应该积极与教师沟通，改善评价系统。

5. 评价不及时，反馈不恰当

大多数学校通常采用终期考核法，这样考核的办法往往具有滞后性，无法及时反馈，往往是事后评价。由于每届学生的差异性，往往起到"事后诸葛亮"的效果，过去的经验与学生所期待的效果，往往有较大差距，从而影响评价效应。

6. 评价标准统一，不利于学生能力的发展

学校体育成绩的评价标准是固定的，统一的。这个标准忽略了学生的身体差异性，而这个差异性极大程度地带来成绩优劣。一些从小经受锻炼的学生，身体素质很好，在现行标准下，可以轻而易举地拿到很好的成绩。反之，若从未经过科学训练的学生，往往为得到好的成绩需要付出较大的努力。这样带来的学生体育运动成绩呈现两极化发展，因为体质差的学生明白自身的劣势，即使通过短时间高强度的训练，高强度的准备考试，仍无法短期内对个人身体素质有较大提升，从而对体育教学产生悲观的心理暗示，最后甚至自暴自弃，拒绝参与体育锻炼。相反，体质好的学生可以轻易拿到很好的体育成绩，这会使个别学生产生骄傲的心理，从而放松了体育锻炼。以上的两种情况，是学校、教师以及学生都不想要看到的结果，如何制定一个评价标准是十分重要的，既要考虑到学生身体差异性，又要有一个成熟的课程成绩评价标准体系。在大学课堂中，成绩决定了学生的很多方面，例如 GPA、奖学金等都会以成绩作为参考，如何公平的制定评价标准，是保障每一个学生的公平权利。教学评价方法中，几乎所有院校均采用的是统一的标准，是一个死板的标准，忽视学生努力的标准，容易对学生造成不利的影响。

7. 评价过程简单化，得不到真实结论

高等体育教育的评价过程需要综合考虑学校教师和学生的需要，而现有的高校体育教育评价系统往往缺乏权威性，缺乏科学性。学生往往不信任评价系统带来的提升或者改变，应付了事，态度不端，造成评价系统随意应付局面。这样的评价系统是得不到正确的结论，无法进行积极正向的反馈。长此以往，会造成恶性循环。

8. 存在功利主义

运用科学逻辑量化学生体育学习的成果，是为了更好地改进教学内容和方式。通过改善教学质量，加速学生身体素质建设，改善学生行为习惯，这是体育教学评价的主要目的。但是，教学教学评价系统往往与教师授课质量，以及教师课程内容进行挂钩，甚至会与教师的职称晋升相联系，这

些是背离了教学评价的初衷。教学评价不是教师的荣誉墙，也不是教师教学的诊断书，更不是教师能力的鉴定表，教学评价仅仅是反映阶段性学生身体素质变化，以备体育教师实时了解自己的授课对象。教学评价应该是客观地，实事求是地反映真实存在的结果，而不是人为修饰的样本，否则，它便失去了原有的意义。

（三）对高校体育教学评价现状的原因分析

1. 对体育教学评价目的的认识有偏差

教学评价的内容是按学校安排的教育内容进行的，而不是发挥学生的主动性，学生想学什么，教什么是不切实际的。体育教学是依据评价系统进行改进的，是需要根据课程内容进行定制的。

2. 体育教学评价内容不够全面

近年来高校对于自身存在的问题也进行了改善。在体育教学内容评价中，也增加了相应的内容，高等体育教育的评价过程需要综合考虑学校教师和学生的需要，而现有的高校体育教育评价系统往往缺乏权威性，缺乏科学性。体育评价内容应当全面、综合地反映学生在体育教学课堂中的真实反映，包括知识文化水平、运动行为习惯、身体素质等。体育教学的最终目的是学生知识水平体系的建立以及个人行为习惯的养成。从体育教学评价的教育目的来看，学校和教师应该投入更多的精力去思考，去改变，去提高体育教育的认识。

3. 体育教学评价方法缺乏科学性

总结性的评价往往是大家选择的最好办法，而此办法往往缺乏深入的调查和理解，仅仅是根据表面，很难有较深刻的分析。评价系统的制定是需要具有严谨性和防止偏差出现的，如果不能起到良好的正向反馈作用，体育教学评价系统就需要弥补缺陷，重新制定。这些与当今国际主要的课程评价方法相适应。如果缺乏科学性的弥补方法，往往诱导教师偏离其原有的教学目的和教学方式，无法做到"教有所长"。与此同时，若无法制定良好的体育教学评价系统，往往会对学生形成一种心理和生理性的打击。

三、构建高等教育教学评价体系的原则、方法和内容

（一）构建高等教育体育教学评价体系的原则

高校是专业培养高等人才的机构和场所，选择体育教学质量评估方法

需按照以下方式：

（1）指向性原则。教学评价是衡量教学质量的固定标准，在制定中需要保证其价值导向是正确的，高尚的，是以国家和学生利益为主要指导的原则。坚持"以人为本，健康安全"是国家制定体育教学发展纲要的主要目的。

（2）科学性原则。高校学生是一群当代青年，具有高素质、高技能型的专业人才，必须满足当代学生的发展需要尤其是创新能力和职业技能为出发点。在体育教学评价过程中，要保持客观中立、实事求是等原则进行评估，要有科学严谨的态度，保持谦虚谨慎的行为方式，谨慎对待学生的评价指标，不可因为自己个人喜欢，影响学生的综合评判。

（3）教育性原则。发挥教育引导作用，大幅提升教学效率。在教学评价过程中，教育的核心的目的是教授，育人。而不是单纯地为了评价，正确的看待评价过程，以及正视评价结果是保障教师和学生的双边利益。

（4）全面性原则。体育教学需要遵循全面的、科学的原则。评价指标需要综合反映学生的各个方面发展水平制定，它面向大量学生，既要切实可行的分辨学生的身体健康水平，也要如实反映学生成绩的优劣。在部分学生中，往往经历了自我的强化训练，个别学生成绩提高较快，而一部分学生由于使用了错误的方法，导致成绩不理想。这时候，评价指标的重要性得以显现，是以学生成绩为主要参考指标，还是以学生的体育学习态度为参考指标？在指标制定初期，两者需要兼顾，既维护了优秀体育成绩的学生，也要满足刻苦训练学生的心理诉求。在体育教学评价中，教师的举动也言行影响着学生，教师在体育教学评判中需要以身作则，用自己的行为影响学生。

（二）构建高等教育体育教学评价体系的方法

（1）建立全新的评价指导思想。根据高校的发展形势，更新体育教育观念。高校体育课程要改变长期以来普通高校体育教学中单纯以增强学生体质、培养终身体育健身意识为主的教学指导思想，应根据体育的多功能性，将体育的健身、教育、娱乐功能及培养提高职业体能融入体育教学过程中，将体育教育贯穿于高校教育的全过程。在高职院校强调"以就业为导向""以社会需求设专业""以岗位核心能力设课程"的课程教学改革目标的主导下，高职体育课程设置需要充分体现高校体育教育的本质与高职教育的职业特色，在实现增进学生健康、增强体质、培养学生体育素养教育目标的同时，积极树立高职院校社会本位教育思想，开展未来社会职业岗位需要的特殊身体素质、心理素质和社会素质的职业实用性体育教育。评价必须以人为本，促进个性的协调发展；评价必须关注个体的处境与职业的需要，必须促进个体发展，必须激发人的主体精神[1]。

（2）评价原则应坚持评价的发展性。体育教学评价在不排除检查、选拔、甄别的功能外，更重要的是应具有以下功能：①积极导向功能。导向是课堂教学评价的基本功能之一，符合现代教学思想的课堂教学评价，也是促进学生、教师发展的催化剂。②反馈调节功能。在体育课堂教学过程中及时地将评价结果以科学的、恰当的、具有建设性的方式反馈给被评价者，使学习者对自身有全面的解析和认识，促进其进一步发展和提高。③展示激励功能。把评价活动和评价过程作为被评价者展示自我的平台和机会，鼓励被评价者展示自己的努力和成绩，使评价活动成为一种积极有效的激励手段，有利于促进学生健康向上的良好个性和人格心理特征的形成。④反思总结功能。被评价者作为评价主体参与评价，有助于调动内在动机，促使其反思总结前期行为、改进未来行动，建立起良好的反思总结习惯，对促进将来发展和提高有很大的促进作用。

（3）评价内容是体现高校的教育方法、教程成果评判的最好证明方式。评价考虑学生的综合方面，不单单是指学习，家庭教育等。体育教学需要遵循全面的、科学的原则。评价指标需要综合反映学生的各个方面发展水平制定，它面向大量学生，既要切实可行的分辨学生的身体健康水平，也要如实反映学生成绩的优劣。作为当代大学生，需要理论与实践均衡发展，不单有夯实的基础理论，还需要有百折不挠的抗挫折精神。时代需要拼搏，高校需要进步，学生需要奋斗，这是时代赋予的使命，也是学校奋斗的方向。

（4）评价方式是评价内容的补充。评价方式可以有多种用途，可以分为阶段性评价、诊断性评价等，在评价方式中，会有单一的评价目的，也有评价目的交叉形式。阶段性的评价是在教学过程中，以自然月、自然周等方式进行评价。阶段性评价主要目的是分析教学质量、学生学习效果等多方位评估这一阶段的教学成果。诊断性评价是有针对性的解决和预防教学的问题。教学评价方式往往是多个目的相互依存，相互渗透。

（5）量性评价与质性评价、行为评价与心理评价的有机结合。就体育课堂教学而言，量化的评价把一个复杂而又丰富多彩的体育课堂教学过程简单化、格式化了。量化的结果往往把课堂教学中最本质、最根本、最

---

[1]　胡浩.高等院校体育教师生存环境研究[J].中国校外教育，2010（5）.

有意义的内容丢失了，而质性评价关注复杂而丰富的课堂教学过程，强调过程中完整而真实的表现（如个体差异、原有基础、参与程度、提高幅度等），不仅考查认知层面，同时关注对表现等行为层面的考查。因此，从发展性评价来看，体育教学评价应使量性评价与质性评价结合才有意义。给质性评价提供一种数量化、趋势性的参考，而给体育课堂教学评价的结果采取等级评定方式。在实践中应注意：一是量化评价与质性评价，体育教学评价不仅重视容易量化内容的定量测评，如对体能、技能的测试，更要重视对难以量化内容的定性评价，如实践能力、创新能力等指标的评价。这也正是体育教学评价的难点所在。二是行为评价与心理评价相结合。因为体育教学评价本身是一个复杂的价值判断过程，既有具体、直观、外在的一面，还存在抽象、间接、内在的一面。只借助某个指标（或量表），就不能够既从行为表现做出观测判断，又从心理倾向和行为特征进行客观的评价。虽然加上心理评价内容增加了评价的难度，但在实践中仍有其积极的意义。

（6）正确处理师生互评，真正发挥体育教学评价的价值。对于学生学习的评价，一是要建立科学的评价标准，明确高校体育具体的培养目标，使评价目标与教育目标一致。评价内容要不断扩展，体育教学评价的内容要注重多元评价（包括学生的认知、技术技能和情感三方面），不要进行单一的技术技能考评或健康测验。二是要综合运用多种评价方式。要改变单纯采用终结性评价的方式，而要采用诊断性、形成性、总结性可定量评价相结合。在体育教学中，存在着大量的人文因素，像学生体育态度、思想品德、心理素质、锻炼能力等指标具有明显的定性特征，是难以量化的，如果忽视这些难以量化的指标，教育评价就失去全面准确性、缺乏科学合理性。科学的评价重在激励，充分利用评价来调动、激励学生学习，使每一位学习者都看到自己的进步，因此要改变传统的体育考试方法，采用理论与实践相结合、过程与结果相结合、主观与客观相结合、定性与定量相结合的办法，将评价内容、学习内容与过程评价紧密联系起来，进行综合评分，以达到学生之间互相竞争、互相激励、互相进步的目的。

高校教师的评价依据学生对教师的反馈进行考核。此外，高校教师的评价需要涉及学生评价、同行审议等方面委托第三方进行评价考核管理，在高校内部，教师的考核方法和规章制度，往往其具有针对性的完成和达标，教师综合方面无法实时反映，引入第三方考核机构，单纯改变了教师对于考核指标的依赖和评定方法，也促使教师通过自身的学习和继续教育的方式，进行课程提升，教学方法改善等多个方面的提升。此外，引入第三方考核系统可以更好地解决教师内部的评价不合理的现象，教师的评价和教师的职务以及薪资密切相关，如无公平性的评定会影响教师的工作积极性和工作态度。

（三）建立评价系统内容

教师教得好，学生学得好。"有教无类"的教学思想是教师职业生涯的第一名言。"只有不会教的老师，没有学不会的学生""一切为了学生，为了一切学生，为了学生一切"这些名言是对教师工作能力的一个认可，教师的主要责任是完成教学任务，确保学生能够快速运用、理解。当代对教师的能力要求较高，特别是除教学之外的沟通能力、人际互动能力以及自律性等多方面水平。从《2012年湖南省普通高等学校青年体育教师课堂教学竞赛活动听课评分表》（见表7-1）中，列出了教师需要具备的能力，并且分析了教师的能力中需要哪些的考核重点。在教学准备过程中，需要关注教师的教案书写以及教学场地的布置，教案代表教师备课的方法和教学内容的理解，教学场地布置是教师为了更好的授课，选取的合适方法。在教师上课能力中，主要考察教师对课程的讲解、示范作用。此外着重考察教师的教学步骤与组织能力，这是教师综合实力的展现。

表7-1 2012年湖南省普通高等学校青年体育教师课堂教学竞赛活动听课评分表

评价指标		评价内容	评价标准												指标得分
一级指标及权重	二级指标及分值		优（100～86分）			良（85～76分）			中（75～60分）			差（59分）			
			优	良	中	优	良	中	优	良	中	优	良	中	
教学准备（10）	教案（8）	教材选用适当，目标明确													
	场地设计与器材布置（2）	场地器材资料利用率高													

评价指标		评价内容	评价标准												指标得分
一级指标及权重	二级指标及分值		优（100~86分）			良（85~76分）			中（75~60分）			差（59分）			
			优	良	中	优	良	中	优	良	中	优	良	中	
教师教学能力（40）	讲解（5）	普通话标准，讲课思路清晰，重点突出													
	示范（5）	动作正确、规范，技术娴熟													
	教学步骤与组织（12）	步骤合理、张弛适宜，善于营造学生自主活动的空间													
	教法选择与运用（12）	注重教与学的双边性，引导和鼓励学生主动、探究、合作的进行学习													
	区别对待（6）	尊重学生的个性发展，尊重学生的独立性和爱好。													
学生学习态度（15）	听讲（5）	认真、注意力集中，思维积极													
	练习（10）	乐于与教师、同学交换意见													

续表

评价指标		评价内容	评价标准												指标得分
一级指标及权重	二级指标及分值		优（100～86分）			良（85～76分）			中（75～60分）			差（59分）			
			优	良	中	优	良	中	优	良	中	优	良	中	
教学效果（25）	课堂气氛（7）	帮助学生建立良好的课堂环境，激发学生的求知欲和互动性。													
	体育素养（7）	注重学生的日常身体锻炼和体育素质培养，不同的学生采用不同的教育方法进行锻炼指导。在身体素质、体育理论、个人技能等方面均有提升。													
	教育（6）	结合教育的特点和学生的性格特征，确定教育内容													
	练习密度（5）	35%～45%													
创新与特色（10）	创新（5）	运用先进的教学理论和教学方法，助力教学内容的改善和教学质量的提高。													
	教学特色（5）	教师的授课特点和教学特点													

续表

评价指标		评价内容	评价标准												指标得分
一级指标及权重	二级指标及分值		优（100 ~ 86分）			良（85 ~ 76分）			中（75 ~ 60分）			差（59分）			
			优	良	中	优	良	中	优	良	中	优	良	中	

对课堂教学其他方面具体意见或建议：

总评分：　　　　　　　　评委签名：

第二节　高等教育运动竞赛评价

一、高等教育运动竞赛概述

对于整个社会而言，高校为其培养和输送人才，对于文化的传承有十分重要的作用。同时，高校有着很强烈的文化气息，文化积淀，是重要的知识传播场所，因而高等院校的改革与发展对我国经济、政治、文化的进步与发展有着深远的影响。

高校的教育工作不仅仅是文化教育工作，为了丰富学生的课余文化生活和高校体育文化建设，还要根据学生日常生活习惯、个人体育爱好，有针对性的举办体育赛事活动，如不同班级之间的体育竞赛、不同专业的体育赛事以及地区性的联赛都可以作为体育运动竞赛。

二、高等教育运动竞赛现状分析

（一）竞赛组织与开展

（1）高校内的体育竞赛需要高校管理层的审批，由学生自发组织，宣传、筹办、参与的赛事，通常规模小，赛制简单，活动单一。根据学校处于的地理位置和硬件设施，符合学校体育文化的发展规划，举办一系列的赛事活动如健美操、足球联赛、篮球联赛等。通常活动的举办通过学生和学生群体自发组织，在班级，在学校内部传播。利用课余时间，制作宣

传海报，宣传视频，校园媒体等工具，目的是增强学生对体育运动的了解和爱好，这样可以充分调动学生的积极性

（2）社会比赛是高校体育文化和体育技能比拼的重要舞台，校外比赛由于主办方具有丰富的管理和赛事举办经验，能够吸引大量的媒体和社会资源参与其中，并且赛事的主题具有吸引性，赛事的奖品设置具有诱惑性。各个学校学生自行组织进行参赛，一来可以通过体育技能的相互比拼和切磋，二来是实现社交目的。体育运动具有强烈的吸引性，尤其是高校学生群体。他们渴望通过体育的舞台展示自己的才能和精神风貌，实现自我价值的追求与认可。

（3）重视高校内体育设施的建设和体育文化氛围的建设。

大学是高学历、高能力知识群体的密集场所，高校体育文化建设对于高校体育发展是十分必要的，并且教育难度相对较低，教育成本可控。学校通过校园文化广场、运动场地、运动器材附近等区域设置明显的宣传海报。学校内部运动场地丰富，健身器材多种多样，可利用的空间较多。高校体育文化的建设，可以借鉴当代科技发展技术，通过二维码、AR、VR等技术，向学生展示运动器材的使用方法，以及技术要领，增加学生的好奇心和探知欲[1]。

（二）高校体育竞赛组织与开展存在的问题

（1）高校校园缺乏资金和赛事举办的经验，缺乏诱惑力来引导体育赛事的主办。在高校体育竞赛中，通常缺乏赛事的举办主题。

（2）竞赛组织是一项系统的过程，需要设计学校多个组织部门进行周密的配合，学生组织此类比赛，往往与校方沟通不及时，无法有效的开展组织工作。此外，在比赛组织过程中，校方很难确定参赛人数、比赛周期、竞赛方式等多个细节的问题，往往造成赛事参与人数众多，周期延长等情况时有发生，甚至由于学生原因放弃比赛，天气原因导致的种种问题。随着参赛人数的增加，导致赛场管控，观众管理，安全卫生的情况也面临考验。在赛事进行过程中，裁判员往往由体育教师担任，长时间的裁判导致漏判、误判情况时有发生。裁判员不足，缺乏专业性的问题也给竞赛增加了压力。

（3）赛事举办经费缺乏规划和有效利用。在赛事组织过程中，学校缺乏专业的人才来把控赛事经费的支出。在比赛过程中，需要持续性的花

[1]　孟德宇. 对江苏省高职院校体育教师学历、职称结构的调查与分析 [J]. 淮北职业技术学院学报，2009（3）.

费和投入，经费投入的多少和赛事的规模，参与人数，比赛周期等均有联系。有的比赛项目，耗费精力较多，资金占用量大，往往对其他项目需要资金压缩，这使得资金少的比赛项目观众和运动员满意度降低，积极性下降。如何科学的使用资金，高校的利用资金是竞赛组织面临的一个难题。此外，在资金筹措方面，学校往往单一承担风险，缺乏筹措资金的能力均是面临的巨大挑战。

（4）室外场地设施偏少，奖惩未规范化。在开展众多的项目竞赛时，过多地依靠体育馆是远远不够的，随着生源日益增加，室外场地偏少的情况给校园体育竞赛带来更多的难度与问题。参赛者众多，比赛场地少，受客观条件影响较大，如室外网球、足球、篮球、排球等项目遇到雨天就得推迟比赛。赛程偏紧、偏密，比赛强度大，休息不充分，赛期受天气影响较大是目前校园体育竞赛存在的问题。校内外体育竞赛的奖励与惩罚没有与学工处、教务处合理协调起来，教务处未明确对学生的奖励，对于学生在校内外取得的名次、为学校取得的荣誉没有及时与奖励、兑现挂钩。取得名次后的学分奖励，也没有与学校体育工作部门进行认定协调，学生参加校内外比赛缺乏积极有效的绩效认定。

三、结合高等教育特点，创新高等教育运动竞赛多元化模式

（一）结合职业技能，开展多种形式的体育竞赛

职业性体育竞赛，是以职业技能中的个别知识与技能为主体，以体育竞赛的形式为载体，通过公平、公开、公正的形式，让参赛运动员在掌握专业技能的同时，积极地参加体育活动，使每个参赛运动员在得到专业技能提升的同时也得到体育锻炼。高校结合职业技能开展多种形式的体育竞赛有多重优势：其一，参加人数多；其二，不需要娴熟的技术动作；其三，对身体素质的要求不高；其四，参与者在进行技术较量的同时也在进行着心理较量。观众的呐喊声、助威声无形中也会对体育比赛造成一定的影响，产生赛后社会效应。不同专业的学生在参与比赛时表现的心理状态是不同的，技工类的学生思维趋于理性，逻辑性强；而商务类的学生思维更趋于情感化。比赛的目的在于对各专业的学生都能产生相应的预期效果，从而能够激发学生的学习热情，激发学生面对困难的勇气和决心。因此，可针对高校培养的目标和特点，结合其职业性开展多种形式的体育竞赛。

职业性体育竞赛是以体育竞技为载体、以职业技能为重心的一种新颖的竞赛模式，不但可以培养学生的职业知识和技能，同时可以激发学生积

极进行体育运动的热情。通过体育比赛，可以为学生创造一个宽松的、令人身心愉快的学习和娱乐环境，促使学生增强体质，掌握体育锻炼的方法。体育比赛具有鲜明的娱乐性、竞技性和观赏性。它所表现出来的群体意识、拼搏精神、自我心理调节能力以及沉着果断的品质和顽强的意志等，可以说是新时代精神的缩影。职业性体育竞赛，也是对学生进行的心理上的锻炼。学院组织的各项比赛，不仅使学生锻炼了意志、提高了身体素质，而且对提高他们的技术水平也有很大的作用。在参加比赛前，学生利用课余时间进行训练和模拟比赛，水平越来越高，比赛过程越来越充满魅力。他们在参加的过程中已经充分体现了自身价值。在训练和比赛过程中，学生们的身体得到了锻炼，技术得到了改进，品德也得到了修炼。而随着比赛的过程跌宕起伏，那些不爱体育运动、只注重知识与职业技能的学生，能够重新认识体育运动的魅力，重新认识自己。这样既培养了学生的体育兴趣，也对学生职业技能的学习起到了良好的推动作用。

（二）对创新型多维体育竞赛模式的特征分析

（1）竞赛是具有强烈的目的性和观赏性的体育经济活动。体育竞赛不仅仅是体育技能水平的对抗，其中还包括日常体育训练方法，学校体育文化，学生心理素质，学生个人素养等多方面的竞赛。体育竞赛是需要观赏性和对抗性，观众群体可以对赛场上的行为进行褒贬。在创新型体育竞赛模式中，竞技对抗、素质对抗、文化对抗是当代的主要特征。学生在体育训练过程中，不只注重体育技能提升，还需要关注个人体育文化素养的提升，注重个人修养的锻炼，通过体育竞赛，使学生的在多维度的体育水平与个人修养提升，提升自身的综合竞争力。

（2）竞赛的内容需要结合学生自身的技能水平发展，体育教师应该与学生进行沟通，清晰了解到所教授学生的身体状况水平，如何让学生在竞争中发现自己优势，解决竞赛中的难点，体育老师需要对学生加强指导，让所教授理论用到实际中。

（3）积极总结并反馈竞赛组织的结果。竞赛组织根据学生需求点出发，切实的考虑学生的兴趣爱好点。教师需要进入学生中了解和分析学生的想法，根据学生爱好制定并组织竞赛，竞赛前期需要有动员性，包括前期竞赛的宣传、竞赛的亮点等，大幅度的提高竞赛体系的知名度。在竞赛完成时候，需要根据学生的反馈和教师的意见积极总结此次竞赛的不足和亮点，如赛制合理性、学生互动性、影响规模、奖品设置等方面，根据不足地方进行加以改正，以便下次组织更成功的竞赛。

（4）竞赛方法是根据体育教学内容制定的。体育课堂中应该适时为体育竞赛提供必要的基础理论知识和安全教育。体育竞赛分为竞赛和训练两个部分，学生在训练过程中，需要体育教师进行加以指导，使得学生自我训练方法正确。而在体育竞赛中，体育教师应该根据所授课程进行公平合理裁定。

（三）对高校运动队参加各级体育竞赛的建议

（1）改善学校的场地和器材设施，提高场地的使用率，让学生积极地参与到体育锻炼中，享受体育运动带来的乐趣，便于教练员发现更多有天赋的人才。

（2）学校专业运动队需要专业的指导和耐心的训练，两者是缺一不可，相辅相成的。学校应该把这一方面完善好，以使学生在以后的比赛中取得更好的名次。

（3）学校缺乏专业的指导教练，就很难帮助学生在专业技能上有所提升，而且学校教练的综合水平不高，是影响学生运动水平提高的一个重要因素。为了改善这一不足，学校应该引进高水平教练或者提高在校教练出去学习的机会。

（4）高校运动员人数较少，可以引进更多的体育特长生弥补体育高校的人才短缺现状。与过去相比，体育人才拥有更专业的指导，更强化的训练，建立良好的招生体制。为这些学生提供优厚的条件，解决他们毕业以后的就业问题。

（5）在现有的教学基础上，成立各自的体育运动俱乐部，建立适合自己的运动员管理、课余训练、教练员招聘以及项目资金来源一体化管理模式。需要通过多方努力，利用多种媒体资源增加学校名气来筹措经费，解决体育项目资源短缺的问题。

（6）建立奖惩机制，通常情况在体育竞赛中，为了提升比赛的激烈程度，通常会设置合理的奖惩制度，主要有两方面目的：一是增加学生的报名积极性与热情参与；二来是让学生自身获得成就感与认同感。

（7）培养独特的校园体育文化，一种体育运动精神和校园的体育文化。通过学生一级一级相传，为今后的日常工作和生活打下坚实的基础。运动可以带来不仅仅是坚实的体魄，还有高尚的兴趣爱好。

四、高等教育运动竞赛评价的构成要素及注意事项

从《普通高等学校高水平运动队建设评估方案》中构建的评估指标体系来看，高等教育运动竞赛评价的构成要素应分为：组织与领导、运动队

管理、教练员队伍建设、条件保障、教学与训练效果 5 个一级评估指标；校领导重视、组织机构、发展规划、招生管理、学籍管理、训练竞赛管理、日常管理、编制与结构、建设与管理、教练员素质、培训与提高、训练场馆设施、训练辅助设施与设备、经费投入、教学效果、训练效果、比赛成绩 17 个二级评估指标，如图 7-1 所示。

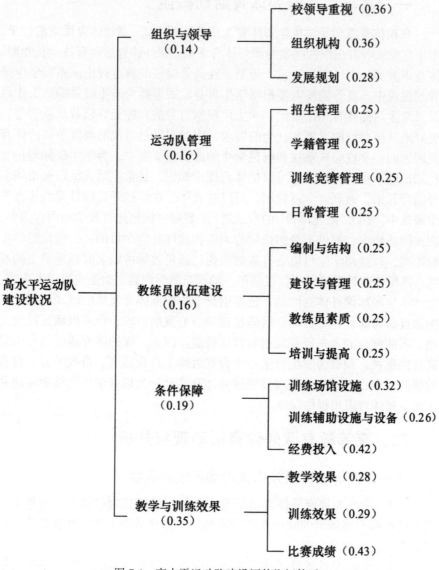

图 7-1 高水平运动队建设评估指标体系

第三节　高等教育课外体育活动评论

一、高等教育课外体育活动概述

高校体育教学是学生学习体育文化的主要方式，通过体育课堂的教学，学生自发或者有组织性的参与课外体育活动。课外体育活动有技术技能型、体育审美型、市场引导型三个类型。在高等院校的教育理论体系和学生培养的建议中，高等院校需要根据学生自身发展需要为学生提供今后工作以及日常生活的体育理论基础。学生可根据自身的兴趣爱好以及从业需要，更好地适应自己的发展和社会的需求，市场引导是时代的潮流驱动的体育发展方向，学校应该重视和满足学生的此类发展需求，为学生破除理论文化知识的壁垒，这样学校可以把体育理论知识、日常生活训练以及市场引导结合起来，做到"学以致用，用以有效"。在学校开设的日常的体育教学课堂中，多以"阳光体育"的形式进行，教师可根据体育教学的内容需要，在校园场地中，提供亲身的指导与训练，这样有两个目的：一是拉近学生的距离，教师与学生可以更有效的沟通；二是教师可以实时指导学生的训练。高校体育教学活动不仅仅是单一的课堂教学内容，而是通过课上内容，带动学生参加课外体育活动，进而引导学生职业体育发展的联动过程。学生通过参与课外体育活动，既满足健康身心发展需求，也可以满足社交互动，团队配合的未来职业发展的特定技能。因此，课外体育活动需要引起高校的重视，积极为学生打造一个自我管理、自我需要、自我爱好、自我发展的平台，鼓励学生积极发展课外体育活动，为培养学生的健康体魄和长久发展体育思想提供保障。

二、高等教育课外体育活动现状分析

（一）高等教育课外体育活动开展的现状

（1）学生参加课外体育活动最主要的目标还是增强体质，近年来，情绪调整和心理活动的减压逐渐变成热门，体育活动丰富性和多样化，使得它受到越来越多的期待。

（2）影响课外体育活动的主要原因有：没有充足的时间，场地与器材的不完善，没有养成良好的习惯和缺乏指导性的老师。

（3）在课外体育活动项目的选择上，男生和女生的选择差异比较大，男生一般都会选择竞技类的体育项目，如篮球、足球等；女生一般都会选择休闲类的体育项目，如健美操、羽毛球等，女生对有利于塑造形体美的项目兴趣明显增强。

（4）体育活动的组织学生热情参与，较多的体育活动可以增大学生参与体育活动的热情[1]。

（二）高等教育课外体育活动存在的问题

1. 单一性

现在大多数高校的课外体育活动比较单一，学校老师的指导形式也比较单一。学生的数量日益增加，参加体育活动的人数也日益增多，较多的体育活动得不到有效指导。虽然高校的体育课程教授的种类比较单一，无法满足学生发展的需求，急切需要额外的课外生活丰富高校学生课余体育活动。在高校由体育部门组织的也不少，由于职责分工不明确，组织机构不完善，导致整个过程很难运行下去。

2. 随意性

随意性主要体现在学校对体育工作的重视程度上。高校体育工作的评价无法得到量化的考核标准，由体育领导直接决定，高校领导的决策往往比较随意性，对体育活动缺乏可靠的指导。

3. 自发性

学生为了融入学校集体，提高自身的运动水平和集体认同感，会驱动自己融入体育运动中，以取得更好成绩有的学生的自发性受到各方面因素影响，很难稳定和持久。

4. 不协调性

不协调性指的是课外体育活动和学校体育课之间相互冲突。现阶段，学校内的体育课内容大多数比较简单，缺乏科学性和实践性，起不到很好的健身作用。学校的指导老师只了解一些简单的教学内容和锻炼原则，对课外的体育锻炼不知道该如何进行指导。所以，课外体育活动和学校的体育课之间存在着一定的不协调性。

---

[1]　黄瑶. 高职体育课程改革与教师观念的转变 [J]. 辽宁高职学报，2006（3）.

三、高等教育运动竞赛评价的构成要素及注意事项

（一）高等教育运动竞赛的发展对策

（1）高等教育运动竞赛能够增加学生对体育锻炼的兴趣，在锻炼的过程中，能够使学生认识到体育教育过程中不同于其他学科的独特性。课外体育活动教学属于教学管理范畴，学校应该健全课外体育活动的组织与管理。同时，教师参与到其中进行指导，改变传统的竞技模式，组织一些新颖的、趣味性的体育活动，来培养学生的参与意识。

（2）根据学校的管理措施，最大限度地利用学校的场地设施。为了给学生创造一个良好的锻炼环境，学校应该延长场馆的开放时间，提高场馆的利用率。学校要充分利用土地资源，合理提供体育锻炼的基础设施，完善体育学习课程，积极组织课外竞赛活动。

（3）组织竞赛。体育活动应该多组织一些竞赛，竞赛的内容和方法应该多种多样，组织学生参与对抗性的体育竞技活动，增强身体素质，通常的比赛如足球有 3V3，5V5，11V11 等，根据不同场地进行划分的体育比赛活动。组织多种体育竞赛活动，可调动学生的积极性。

（4）对体育竞赛相关工作人员进行培训，使其充分了解相关的规则和裁判技巧，然后选定 2 ～ 3 名裁判训练。领悟能力强的学生让他们参加裁判理论考试，使一些年轻的骨干取得国家级的裁判证书，为学校的体育事业做出贡献。让学校的体育部门积极组织学生参加体育锻炼，使他掌握良好的自我运动方法，养成积极向上的好习惯。

（5）组织开展多种形式的课外活动，丰富学生的课余生活。定期开展不同主题，不同类型的活动，可以丰富学生学习内容，又能强身健体，陶冶情操。

（6）体育理论科学是学生科学健身的理论前提，让学生充分认识到，科学合理的锻炼既可以带来身体上的强迫，又可以避免过度锻炼带来身体上的损害。学校可以定期开展体育文化知识科普讲座，定期举办知识竞赛活动，有针对性地提升全民科学文化水平，养成爱学习，乐学习的良好风尚。

（7）学校建立健全学生身体健康档案，这样可以让教师更加全面地了解学生的当下身体素质，以及学生的体育学习态度、成果以及进步过程。此外，教师给学生增加体育运动量时，可以依据学生过去身体所能承受的数值进行逐步提升。这样，可以极大程度减少学生因运动过量带来的身体损伤。通过有效的反馈，可以直观地了解到学生参加体育课外活动的

次数和质量，也能观察出他们课外体育活动身体锻炼的目的性。

（8）要想"全民健身计划"继续实施，学校应该强制保证学生有充足的体育运动时间，至少保证每天有固定的体育锻炼时间，掌握科学锻炼的方法和技巧。

（9）良好的思想教育是学生成才的保证。培养学生之间的团结友爱、互相帮助的良好风气，提高自身的身体素质，让他们明白自己才是参加体育锻炼的终身受益者。

（二）高等教育运动竞赛评价的构成要素

1. 管理模式

在构建体育竞赛网络，应该充分体现以人为本、安全第一的原则进行比赛。通过比赛的形式，促进学生日常的体育锻炼，最大程度的展示学生自我锻炼，自我学习，自我管理的成果。通过举办运动竞赛，形成学校、学院、学生多维度互动，相互沟通，相互写作的模式进行自我管理，自我学习，自我锻炼。小型活动可以由学生团体举办，体育职能部门进行监督。中型活动可以由学院举办，教师团体协助辅导，学生会配合管理与驱动。在这种管理体制下，可以充分调动学校、学院、学生的积极性，在学习中锻炼成长，使得学生形成自我驱动、自我管理、自我训练、自我进步的良性循环过程。

2. 竞赛方法与竞赛效果

竞赛是最好的增加互动方式，让学生积极踊跃参加学校内外的各种体育活动中，是满足学生自身发展需要和学生迫切需求的一种方式。所有的竞赛方式应该以安全为第一原则，通过联系多部门多方进行有章法的体育竞技比赛。全程应当配备专业的老师进行指导，配备专业的裁判进行比赛裁定。大型竞赛和小型竞赛相结合、学校与学生相结合、社会与学校相结合的竞赛组织方法，满足学生不同时段、不同规模的竞赛。

3. 学生骨干培训

开展好课外体育活动的一个重要环节就是要加强骨干队伍的培训。骨干队伍的培训是为了加强学生对体育活动的组织能力，还应该定期与不定期地进行理论培训，加强骨干队伍对于各种体育活动的竞赛规则、裁判方法、竞赛组织的全面了解，才能使学生的组织能力和综合素质得到不同程度的提高。现在，学校各系和各体育部门都能独立完成各种各样的体育活动，这不但减轻了教师的负担，还增加了学生对体育活动参加和管理的兴趣，这也表现出学生在课外体育活动中占主体地位[1]。

4. 检查与评比制度

学校组织课外体育活动，是为了吸引广大学生充分参与学校内部组织的体育活动，定期开展体育活动，发扬体育文化传统，建立体育活动检查和评比制度。学校需要高质量的制度来匹配当前学校的各种活动。学生会以及学校相关部门积极开展并协调相关部门进行体育活动策划并实施。学生会主要负责活动的举办、赛事的场地以及比赛的场地安排。学校根据做出的计划予以资金或者技术支持。学校根据活动举办的情况和计划进行如期的安排，经委托老师进行监督和检查。学期末进行工作总结，各系学生会和体育部门提交书面工作总结，根据体育活动评比制度，学校给予荣誉奖励，如先进班集体，先进个人等，并在相关新闻媒体进行报道。

5. 社会力量

借助社会力量是促进学校体育事业快速发展的一条有效途径。通过借助社会力量、利用社会资源及各种教育合作的方式，来改善学校体育场所和设施，增加学生的课外体育活动内容。

（三）高等教育运动竞赛评价的注意事项

1. 高校课外体育和培养学生职业性相结合

教学内容不仅要让学生掌握最基本的运动技能，还需要为学生打下健康生活的基础，需要培养他们基础的体育素养和运动基础。通过打造健身的体魄，使他们能够保持良好的生活与运动习惯，这样使得他们进入职场后，能够充分利用自己的优势，实现自己的人生价值。在高校中，体育课程安排需要注意协作性，在日常工作和生活中，协作是必不可少的工作方式，培养学生的互相帮助精神是今后在职场中重要的品质。发扬体育精神，增强互帮互助精神，是体育倡导的精神内涵。

2. 高校课外体育和培养学生职业技术技能性相结合

随着科技的发展，改革后的高校课外体育教学应该适应未来科技的发展方向，满足未来发展的需求。根据学生不同的专业，开展不同的教学，激发他们的潜能，调动他们的积极性，让学生自愿地参加到运动当中来，为以后毕业时找到相适应的专业打下坚实的基础。

---

[1] 刘欢 . 浅析高职体育教学现状及改革走向 [J]. 新课程学习，2011（6）.

3. 高校课外体育和培养职业市场导向性相结合

在课外体育教学中，应与职业市场的导向性相结合起来，训练的体育项目加入一些职业的计划，并有所侧重点的加以指导和教学。因此，在"阳光体育"教学的提倡下，各所高校的体育教学计划应不断地创新，努力培养学生的爱好，增强学生与未来人才需求相适应。不同的体育运动训练，可以使不同的方面的运动技能得到锻炼。这样，满足学生职业发展的同时，还能满足学生体质健康的综合发展需求。

第四节 高等教育体育工作综合评价

一、主要成绩

（1）高校领导的体育教育意识强，有建立长期的体育发展计划。主要领导制定的良好政策，发扬校内良好的体育竞技文化精神，实现高校体育教学的长远发展。

（2）体育教育制度有章可循，管理先进，教学成果显著。一些高校代体育教学课程赢得了国内外专家学者一致好评。

（3）体育教学的规范是师资和教学的双重保证，充分发挥学校的教育主体作用，一年级开设必需课程，根据学生体育发展制定。二年级是开设教学课程的多样性，学生可以根据自行需要，合理选择学习科目。

（4）"阳光体育"是活动在阳光下，充分保证学生体育运动的时间，保障学生身体素质的良好发展。学生体育社团应当定期开展体育教学、体育团体比赛，早操等运动。

（5）体育教学科研成果显著，大多数学校主持了各个领域的科研问题，并且效果显著。

（6）各校全面根据教育部制定的《国家学生体育发展》，建立专门的体质测试室，建立综合智能体质评估系统。通过国家的大数据库，进行综合比对，保障学生体质达到优良健康水平。

（7）各个学校应该树立较强的安全意识，保障学生和教职工的安全，保障人身和财产安全。

二、主要亮点

（1）学校拥有充足的资源，并给予极大程度上的支持，学校机构多样化，计划科学，执行到位，分工到人，责任第一，正积极的推动着国家和社会的体育发展。

（2）师资队伍建设需要长远的进步，学校高学历的知识团体是良好教育的保证。

（3）日常体育运动正在蓬勃发展，高校体育人才正处于青春期，精力充沛，良好地引导高校体育人才发展往往需要学校耐心地指导和定期开展各式活动。

（4）各个学校的体育馆设计独特，造型感强烈。很多学校都已制定出新校体育场馆规划。

三、存在问题

（1）现在个别体育教学发展的理论，无法与时俱进，高校教育理论随着时间发展逐渐完善，若教师的知识水平储备不足，出现学不致用，导致教学效果出现大幅下降，教师是体育教育的第一责任人，需要实时肩负高校体育教学的重任。

（2）部分高校的体育教学设施缺乏，高校体育教学是以体育教学硬件设施为基本条件，高校的体育硬件设施决定着体育教学的课程分类以及内容设置，国内高校由于地理环境以及资金限制，无法全面开展所有体育运动教学，只能选择校内满足条件的运动进行教学。

（3）需要加强对高校教育投入，教育是民生之本，国民之基。好的体育教育可以极大程度激发学生自主学习意识，促进高校学生体育素质的提升，增强体育运动技能。

参考文献

[1] 王崇喜. 体育课程与教学改革研究 [M]. 郑州：河南大学出版社，2014.

[2] 包娅，刘洋. 高校体育文化教育研究 [M]. 北京：中国纺织出版社，2015.

[3] 曾伟. 体育科学与运动文化 [M]. 北京：中国书籍出版社，2016.

[4] 周务弄. 高等教育体育论 [M]. 北京：北京理工大学出版社，2013.

[5] 董波. 高校体育管理研究 [M]. 西安：西安交通大学出版社，2017.

[6] 刘明，张可，刘洋. 普通高校体育教学发展与改革探究 [M]. 北京：中国纺织出版社，2018.

[7] 毛振明. 体育教学科学化探索 [M]. 北京：高等教育出版社，2009.

[8] 王则珊. 中国学校体育改革新思索 [M]. 北京：人民体育出版社，2007.

[9] 杨小微，张天宝. 教育论 [M]. 北京：人民教育出版社，2007.

[10] 田慧生，李如密. 教学论 [M]. 石家庄：河北教育出版社，1996.

[11] 丛立新. 课程论问题 [M]. 北京：教育科学出版社，2000.

[12] 裴娣娜. 现代教学论 [M]. 北京：人民教育出版社，2005.

[13] 王鉴. 教学论热点问题研究 [M]. 南昌：广西师范大学出版社，2008.

[14] 张华. 课程与教学论 [M]. 上海：上海教育出版社，2000.

[15] 王道俊，王汉澜. 教育学 [M]. 北京：人民教育出版社，1999.

[16] 王策三. 教学论稿 [M]. 北京：人民教育出版社，2005.

[17] 李秉德. 教学论 [M]. 北京：人民教育出版社，1991.

[18] 王策三. 教学认识论 [M]. 北京：北京师范大学出版社，2002.

[19] 李林，周登嵩. 中国学校体育发展研究报告 [M]. 北京：化学工业出版社，2013.

[20] 王德炜. 体育管理学——原理与方法 [M]. 北京：人民体育出版社，2009.

[21] 常智. 体育管理理论与实践 [M]. 北京：北京师范大学出版社，2009.

[22] 左庆生. 体育管理学 [M]. 北京：北京师范大学出版社，2010.

[23] 秦志辉，宛莉. 学校体育科研理论与方法 [M]. 重庆：西南师范大学出版社，2006.

[24] 毛振明. 实用学校体育学 [M]. 北京：北京师范大学出版社，2009.

[25] 张振华，毛振明. 学校体育教材教法 [M]. 北京：北京师范大学出版社，2016.

[26] 林道光. 普通高校继续教育学院现状与发展趋势［J］. 中国成人教育，2010（14）:20-31.

[27] 鲁长芬，王健，罗小兵，董国永，秦小平. 运动训练专业改革的问题、原因及策略研究［J］. 武汉体育学院学报，2011（45）:179-181.

[28] 江波，蒋凤瑛，杨劲松，钟之阳. 国际视野下的我国高校继续教育的改革和发展［J］. 国家教育行政学院学报,2015（9）:32-122.

[29] 王雁. 现代体育教学发展与管理应用研究 [M]. 北京：中国时代经济出版社，2013.

[30] 姜明. 现代学校体育教学研究 [M]. 武汉：湖北科学技术出版社，2013.

[31] 何桥,陈晶晶. 高校继续教育发展趋势与机制创新[J]. 黑龙江高教研究，2011（7）: 131-212.

[32] 刘冬青，魏莉. 我国高校继续教育的发展现状及对策分析［J］. 中国教育技术装备，2013（30）:100-121.

[33] 孙帅. 创新高校体育教学方法的对策探讨［J］. 长春理工大学学报，2011（4）:219-222.

[34] 张汉辉. 体育教学目标问题的分析与探究［J］. 教育 2015（3）：35.

[35] 尹建军. 我国现代高校体育教学思想与内容体系的形成与发展［J］. 广州体育学院学报，2010（3）：113-116.

[36] 李启迪，邵伟德. 体育教学基本理论研究 [M]. 北京：北京师范大学出版社，2014.

[37] 阎小虎. 对江苏省高职院校体育教师科研能力的调查分析［J］. 科技信息，2010（3）：21-22.

[38] 刘欢. 浅析高职体育教学现状及改革走向[J]. 新课程学习，2011（3）：43-45.

[39] 曹桂祥. 高职体育教学现状与改革走向［J］. 体育科技文献通报，2015（1）：7-8.

[40] 黄瑶. 高职体育课程改革与教师观念的转变［J］. 辽宁高职学报，2006（8）：140-141.

[41] 梁兴友，王晓蕾．高职院校体育选项课教师资源的调查与实证分析［J］．韶关学院学报，2009（30）：151-154．

[42] 殷国玺，关恒树，邵锦梅．论高职院校体育教师队伍建设［J］．中国成人教育，2010（12）：109-110．

[43] 孟德宇．对江苏省高职院校体育教师学历、职称结构的调查与分析［J］．淮北职业技术学院学，2009（8）：48-50．

[44] 余周武．高职院校发展的最佳效益规模［J］．中国职业技术教育，2009（30）：26-28．

[45] 孙斌．如何改善高职院校体育教师学历和职称结构的对策［J］．科技信息，2008（30）：244．

[46] 胡浩．高职院校体育教师生存环境研究［J］．中国校外教育，2010（5）：62．

[47] 黄海波．高职院校体育教师状况分析及对策研究：以湖南省高职院校体育教师为例［J］．成都大学学报（教育科学版），2007（10）：103-105．

[48] 卢其宝，汤凯军，李少群．普通高中男女体育教师比例失调应引起关注［J］．中国学校体育，2007（2）：59-61．

[49] 邱雪梅，刘星．高职教育需要什么样的体育教师［J］．考试周刊，2011（70）：25-26．

[50] 王琦，尹兆凤．北京高职院校体育教师现状及其发展对策研究［J］．北京工业职业技术学院学报，2010（9）：67-71．

[51] 翁惠根，孙嵬．浙江省普通高等学校公共体育课程设置与实施状况调研与对策分析 [J].浙江体育科学,2019,41(05):62-65.

[52] 孙嵬．以健康概念模式探讨水利类大学生运动 APP 使用行为 [J].中外企业家,2018(20):229.

[53] 孙嵬，莫月红．健身类 APP 对大学生体育锻炼的影响 [J].民营科技,2017(03):260.

[54] 孙嵬，黄俊鹏．高校辅导员如何加强对大学生的心理健康教育 [J].新西部 (下旬.理论版),2011(02):157+125.

[55] 孙嵬，黄俊鹏．大学生就业困难原因分析及对策 [J].新西部 (下旬.理论版),2011(01):151+141.

[56] 孙嵬．健康概念研究综述 [J].科学与财富,2017(02):260.

[57] 孙嵬．目标设定对大学生健康体适能的影响 [J].赤子,2018(14):134.